大 学 问

始 于 问 而 终 于 明

守望学术的视界

洞穴公案

中华法系的思想实验

THE
CAVE CASE

● A Thought Experiment ●
of the Traditional Chinese
Legal Culture

秦涛———

著

GUANGXI NORMALSUNIVERSITY PRES
广西师范大学出版社
·桂林·

洞穴公案：中华法系的思想实验

DONGXUE GONG'AN：ZHONGHUA FAXI DE SIXIANG SHIYAN

图书在版编目（CIP）数据

洞穴公案 ：中华法系的思想实验 / 秦涛著. -- 桂林 ：
广西师范大学出版社，2024.5（2024.6 重印）
ISBN 978-7-5598-6902-9

Ⅰ．①洞… Ⅱ．①秦… Ⅲ．①法系－思想史－研究－
中国 Ⅳ．①D909.2

中国国家版本馆 CIP 数据核字（2024）第 081534 号

广西师范大学出版社出版发行

（ 广西桂林市五里店路 9 号　邮政编码：541004 ）
　网址：http://www.bbtpress.com

出版人：黄轩庄

全国新华书店经销

广西广大印务有限责任公司印刷

（桂林市临桂区秧塘工业园西城大道北侧广西师范大学出版社

集团有限公司创意产业园内　邮政编码：541199）

开本：880 mm ×1 240 mm　1/32

印张：6　　　字数：110 千

2024 年 5 月第 1 版　　2024 年 6 月第 2 次印刷

印数：6 001～9 000 册　　定价：69.00 元

如发现印装质量问题，影响阅读，请与出版社发行部门联系调换。

导言 假如"洞穴奇案"在中国

"洞穴"深处的诱惑

虽然我的本科不是法学，但和许多法本学生一样，在法理学课堂听到了著名的法律虚构案例"洞穴奇案"。出于致敬，更为了后续研讨的便利，将该案简述如下：

公元4299年5月上旬，纽卡斯国的五名业余探险者因山崩被困于一个洞穴。救援人员抵达现场，开展营救。因事发地点偏远，山崩接连发生，救援难度极大。救援工作不仅付出了巨大的物质代价，还有十名救援人员因一次山崩而遇难。在被困的第二十天，救援队才得知被困的探险者随身携带着一个无线电设备，便立即设法与洞内取得联系。

被困的探险者询问：还要多久才能获救？工程师回答：至少十天。受困者问：他们随身携带的少量食物早已吃光，在没有食物的情况下，有没有可能再活十天？医生回答：可能性微乎其微。洞内沉默了。八小时后，通信恢复，洞内又问：如果吃掉一名成员的血肉，能否再活十天？尽管很不情愿，医生还是给予了肯定的答复。洞内又问：通过抽签决定谁应该被吃掉，是否可行？包括医生、法官、政府官员、神职人员在内，没有人愿意对此提供意见。之后，洞内再也没有传来任何消息，大家误以为是无线电设备电池用完了。在被困的第三十二天，受困者终于被救。但其中一名成员威特莫尔，已经被其他四人吃掉。

四名受困者的证词表明：是威特莫尔提出了抽签吃掉一名成员以让其余四人活命的想法。五人反复讨论了抽签的公平性，最终一致同意以掷骰子决定生死命运。但是掷骰子之前，威特莫尔忽然撤回约定。他认为应该再等一个星期。其他人指责他出尔反尔，坚持继续掷骰子。轮到威特莫尔时，一名成员替他掷骰子，并询问是否认同投掷的公平性。威特莫尔没有表示异议。结果威特莫尔被抽中，他被同伴杀死吃掉了。

其他四名成员以谋杀罪被告上法庭，初审法院认定罪名成立，判处绞刑。被告不服，上诉到最高法院。[①]

"洞穴奇案"是美国法学家朗·富勒的杰作。他可能是以1842年美国诉霍尔姆斯案、1884年英国女王诉杜德利与斯蒂芬

案为原型，创作了《洞穴探险者案》(*The Case of the Speluncean Explorers*)，在1949年发表于《哈佛法律评论》。[①]尽管本案被誉为"史上最伟大的法律虚构案"，但该文的主体并非案例，而是五位法官的陈词。案例与陈词，有两个容易被初学者忽视的设定：

第一，法官没有自由量刑的权力。

很多中国读者看完本案，第一反应是：四名被告于法有罪，于情可悯，死罪可免，活罪难饶。这是在用一种中国式的便宜策略，对本案进行情理法的折中，从而取消富勒的严肃设问。但是须知，在纽卡斯国，"在刑罚问题上，联邦法律并不允许法官有自由裁量的余地"。而《纽卡斯联邦法典》第十二条 A 款规定："任何故意剥夺他人生命的人都必须被判处死刑。"[②]所以，如果法官认定四名被告属于"故意剥夺他人生命的人"，从逻辑上就必然得出"必须被判处死刑"的结论。接受了这个设定，中国式的便宜策略便失去了用武之地，富勒精心结撰的法官陈词才得以凸显出意义。

第二，纽卡斯联邦有独特的法律史。

尽管富勒设计的纽卡斯联邦近乎架空，时代背景也尽量进行了虚化处理，但法官们的陈词仍然显示：该国有独特的法律

---

① 案件原型参见萨伯撰写的导言《奇案背后的法理思考》。
② 《洞穴奇案》，第6页。

史。法官们陈述的法理，不是空想的、永恒的定律，而是特定法律史的时代产物。

首先，本案的审理发生于公元4300年。富勒的《后记》特别提醒："我们距离4300年的时间，大约相当于伯利克里时期距离现今的时间。"这么长的时间跨度，既是为了阻断（我们所生活的）现实对该案的影响，也为现时代的法理学赋予了相当于古希腊思想之于今日的古典意义。（事实上，福斯特法官的陈词的确将1600年到1900年间的思想家称为"古典思想家"。）尽管未必随时察觉，在今日的西方，谁能摆脱古典时代的巨大投影呢？

其次，纽卡斯联邦的立国之基，是大毁灭的幸存者们缔结的契约。福斯特法官的陈词特别提道："我们有决定性的考古学证据证实，在大螺旋之后的第一时期，大毁灭的幸存者自愿集合起来起草一份政府宪章。"[①]

最后，纽卡斯联邦曾爆发一场针对司法机关的内战。基恩法官陈词提及：大约在公元3900年之前，纽卡斯联邦曾爆发一场"短暂的国内战争"，这是联邦历史上"不体面"的"悲剧"。"该战争是由司法机关作为一方，与行政和立法机关共同作为另一方之间的冲突所引起的。"原因是在内战之前，司法机关权力过大，"法官事实上可以立法"，当然还包括"时任首席法

---

① 参见《洞穴奇案》，第11—12页。

官的性格魅力和广受拥戴的程度”等因素。这次内战，确立了纽卡斯联邦政体中的“立法至上原则”，以及引申出来的“法官有义务忠实适用法律条文”等。[①]

尽管富勒和萨伯还虚构了若干可供最高法院参考的判例，但毋庸置疑，这些判例对本案的影响只是技术性的，而法律史的影响则是规定性的。不难发现，纽卡斯联邦的原型就是美国。“大螺旋”是流放、殖民与独立战争，“缔结契约”是制宪会议，“内战”是南北战争。欧洲的法哲学，对于美国，不啻是“古典思想”。更不必说本案的司法程序与英美法系的相似之处了。

简而言之，尽管《后记》强调“本案并无刻意关注与当代的相似点，所有那些力求对号入座的读者，应被提醒他陷入了自己设置的陷阱之中”，但是如果不察觉富勒或精心或无意设计的“与当代的相似点”，那么读者将陷入富勒设置的陷阱之中而不能自觉。我经过十余年的阅读与思考，才察觉到这一点。先按下不表，让我们回到我本科的时代。

法理学老师讲完惊心动魄的案件与异彩纷呈的陈词，便笑眯眯地向我们发出邀请：“希望你们能给出第十五个观点。”事实上，这份邀请来自《洞穴奇案》本身，或曰来自“洞穴”深

---

① 参见《洞穴奇案》，第26—27页。其他法官的陈词，对“大螺旋”与内战的细节也有若干补充，此处不赘。

处的诱惑。早在1998年（《洞穴探险者案》发表五十年后），美国法学学者彼得·萨伯便巧妙地追加了一名幸存的被告，延续"洞穴奇案"的讨论，新增九份法官陈词，反映了法哲学的最新发展。今天中译本《洞穴奇案》便是由富勒与萨伯的十四份陈词构成的，所以法理学老师期待的是"第十五个观点"。

我深知自己不具备外语能力，无从知晓西方法哲学有没有发展出"第十五个观点"。我也模糊感觉到中文世界的现代法学缺乏原创性，大概不容易给出"第十五个观点"。本科生的思维，惯于在自己构造的"古今中西"之间穿梭。排除法的结论，我只能乞灵于中国的古哲：假如孔孟老庄遇到"洞穴奇案"，他们会给出怎样的判决？

我深信，以轴心时代中国思想的原创性，应该有能力给出"第十五个观点"；但我当时并没有料到，当我冒出这个念头之时，我已经被源自"洞穴"深处的诱惑牵引着，一步一步深入了富勒的陷阱。

那个阱口，不可能望见中国的天空。除非幻视。

假如"洞穴奇案"发生在中国古代

我把"洞穴奇案"当至宝一般拿回中国古代，请来孔、孟、老、庄、商、韩团桌围坐，帮忙掌眼。孔、孟拿起"洞穴奇案"，皱着老眉略看了看，仍放回原处，露出狐疑而纳闷的神情。商、韩连碰一下的兴趣都没有，直截了当地说："假的！"老、庄则干脆打起了哈欠。

以上便是我在中国古代碰的钉子。

我的工作程序是：仔细翻查先秦诸子，将与本案稍有联系的词句划出来。其中，法家的结论最直截了当：既然违反法条，就应当依法论处。管你山崩海啸掷骰子无线电工程师医生神父社会契约大螺旋内战……富勒精心设计的一切细节，在法家眼中全成了毫无意义的幺蛾子。

儒家的态度稍微暧昧一些，但也无非颠来倒去几个"情理法"之类的空洞概念。归根结底，仍是"法无可恕，情有可矜，死罪可免，活罪难饶"。案情的总体架构，在儒家眼中有一定意义，体现了情理法的冲突，但也仅此而已。甚至儒家经典与本案关联最大的一句话，也许是："父母在，不远游，游必有方"——你们上有老，下有小，不好好在家父慈子孝享尽天伦之乐，非要跑到那么偏远、那么危险的山洞里去干什么呢？不仅令家人担心，还浪费国家资源，简直自作孽不可活！

道家则与本案像两条平行线，望到世界尽头，也看不到交叉的可能。

也许是我学力有限吧，也可能中国古代的"法学"确实技不如人吧，也可能中国古代的思想属于"实用理性"，对这种玄虚的思想实验不感兴趣吧。我这样想着，姑且将本案束之高阁，开始了法律史学的读硕与读博生涯。正确的典范犹如锋利的剃刀，将一切不符合学术训练的异想天开剃成一片不毛之地。"假如洞穴奇案发生在中国古代"的荒唐念头自然也无从幸免。但它不着急，它深根宁极，耐心等待破土而出的时机。

在后来的读书中，我逐渐发现："思想实验"并非西人的专利，也是中国古人常用的办法。不过古人的思想实验大多比较简单，近似"譬喻"。以《孟子》为例。孟子为了说明人心皆有"不忍人之心"（仁之端），用十个字设计了一个精巧的思想实验："今人乍见孺子将入于井。"字数很少，却有四个设定："人"，是主体的限定，因为这个思想实验探讨的是"人之异于禽兽"的地方；"乍见"，是时机的限定，突然看见，第一反应，没有权衡利弊的余地；"孺子"，是对象的限定，最单纯的小孩，还没有作恶的可能与复杂的经历，也就是最纯粹意义上的抽象的人；"将入于井"，事情的限定，千钧一发之际。这个思想实验逼出的真相是："皆有怵惕恻隐之心。"当此之际，间不容发，扪心自问：人（即便忍心如商鞅、韩非）的第二反应，可能是事不关己、拒绝施救，但第一反应是不是"怵惕恻隐"呢？

再比如，孟子的弟子桃应曾设计一个著名的思想实验，在二十一世纪初还引发了哲学界与法学界的激烈讨论：假如天子舜的父亲瞽瞍杀人，法官皋陶要捉拿瞽瞍，舜身兼公的天子与私的人子双重社会身份，应当怎么做？这就是著名的"窃负而逃"的思想实验。

甚至于有些学派的立说基础，就是思想实验。例如孟子极力抨击的杨朱，其学说早已失传，其学说立足的思想实验却脍炙人口："拔一毛以利天下，为不为？"思想实验的价值，不在于设计者的解答，而在于提问能否衡量出各个学派的分歧与高下。杨朱的回答（不为）虽然被孟子排击，但并不影响提问的质量。此外，名家的思想实验如"一尺之棰，日取其半"之类，更是数不胜数。

到了魏晋玄学兴起之际，人们已经十分擅长通过虚拟法律案例，来研讨实际的法律难题。《晋书·礼志》记载：西晋有个男子，在没有离婚的情况下，违反婚制先后娶了两位嫡妻。先娶的妻子死后，后娶的妻子的儿子不知应当遵守何种丧礼。中书令张华就"造甲乙之问"，也就是虚构了以甲、乙、丙为主角的典型案例，来探讨这个难题。与真实案例不同，虚拟案例（甲乙之问）中的人物、情节可以根据研讨需要，随意增删变更。传世所谓"董仲舒《春秋》决狱"的案例，大多呈现"甲乙之问"的形态，未必不是"造甲乙之问"、虚拟思想实验的产物。①

由此可见，中国古人并非不擅长虚拟思辨、两难取舍的思想实验。既然如此，为什么他们对"洞穴奇案"没有兴趣？或者换个思考角度，他们对什么"奇案"感兴趣？

思考至此，豁然开朗。古人感兴趣的"奇案"，非常容易

---

① 代表性的观点参见张伯元《〈春秋决狱〉考续貂》，载《律注文献丛考》，北京：社会科学文献出版社，2016年，第64—78页。

找到。就以汉代《春秋》决狱为例：子不知对方是生父的情况下蓄意殴打，或者子为救父而失手误殴，是否适用"殴父枭首"的汉律？养父藏匿犯罪的养子，是否适用"匿子不当坐"的法条？丈夫殴打婆婆，媳妇杀夫，是否构成犯罪？后妻杀夫的情况下，前妻之子杀后妻，是否构成"弑母"？……类似案例，可以无休止地罗列下去，共同特征也一目了然——人伦。

中国古人的法律兴奋点是"人伦"，尤其是不同层次的人伦价值的冲突。困扰古人的法律难题，无论"嫂溺，叔是否援之以手"（礼仪与人性冲突），"舜父犯罪，舜怎么办"（天子角色与人子角色冲突），"拔一毛以利天下，为不为"（私利与公利冲突），都是不同层次的人伦价值之冲突。而最两难的冲突，就是家父与国君的冲突。中华法系最引人入胜的内核，包括复仇问题、亲亲相隐问题，无不是这一核心冲突的外显。在朝廷的大议之中，开疆拓土、理财兴利，常常虚应故事、敷衍了事；一旦涉及人伦，朝臣个个如打了鸡血，梗着脖子直言进谏。北宋的"濮议"、明代的"大礼议"，因过继而即位的皇帝应当对生父执何种礼仪，在现代人看来甚属无谓的繁文缛节，满朝文武却视如国之存亡的大事，进行旷日持久的激辩，甚至献出生命亦在所不惜。

假如把这些问题作为法律"奇案"来拷问西方的哲人，他们会怎样回答呢？

嫂溺，叔援以手吗？当然。

舜父犯罪，舜怎么办？申请回避。

丈夫殴打婆婆，媳妇杀夫，是否构成犯罪？构成。

后妈杀父，杀死后妈是否构成"弑母"？构成故意杀人罪，"弑"只是修辞，没有法律意义……

中国古人看来无比艰难的法律"奇案"，在西方学者眼中大多简单得令人困惑。正如中国古哲面对"洞穴奇案"，近乎集体失语。"放之四海而皆准"似乎没有那么容易，"易地而皆然"倒是真的。

西谚有云："甲之佳肴，或为乙之毒药。"套用这个句式，甲之奇案，或为乙之扯淡。奇案，是特定法文化的产物。奇案之奇，来自特定法文化独有的价值冲突。当奇案从特定法文化的意义脉络之网中拔出，孤零零地投入另一个法文化之中，"奇"也就隐没不见，而徒显其"怪"了。

所以，富勒的"洞穴奇案"并非用以衡量一切法文化成色的试金石。恰恰相反，"洞穴奇案"是为现代西方的法律文明量身定制、精心织就的。"洞穴奇案"的一切细节，都是这个法文化的产物，都符这个法文化的审美，所以能令西方各个法学流派啧啧赏叹、拍案惊奇。

"洞穴奇案"是"富勒陷阱"的井底之蛙。

想通了这一点，当年的念头终于破土而出。不过，不再是"假如洞穴奇案发生在中国古代，将会得到怎样的审判"，而是——

假如为中华法系编织一个自己的洞穴奇案，将会有怎样的案情？

有趣的是，当我萌生这个念头的时候，它就在那里了。

中国古代自有"洞穴奇案"

"银色白额马"案件中，福尔摩斯在茫茫大草原上找到了半根还没有燃尽的火柴梗。随行的警长懊丧地说："我怎么就没有找到。"福尔摩斯说："我之所以能找到它，是因为我在特意找它。"① 当我特意寻找中华法系自己的"洞穴奇案"时，我一下子就找到了它。

西晋傅玄著有一部《傅子》，已经亡佚。所幸其中一个案件，留存在唐人编纂的《意林》之中。以下全引原文，【 】内是我添加的结构提示词：

【案情】汉末有管秋阳者，与弟及伴一人，避乱俱行。天雨雪，粮绝。谓其弟曰："今不食伴，则三人俱死。"乃与弟共杀之，得粮达舍。后遇赦无罪。

【提问】此人可谓善士乎？

---

① ［英］阿瑟·柯南·道尔著，［美］莱斯利·S. 克林格编著：《福尔摩斯探案全集诺顿注释本》第一卷《回忆录》，黄亚、刘臻译，长沙：湖南文艺出版社，2021年，第17页。

【论辩】孔文举曰："管秋阳爱先人遗体，食伴无嫌也。"荀侍中难曰："秋阳贪生杀生，岂不罪邪？"文举曰："此伴非会友也。若管仲啖鲍叔，贡禹食王阳，此则不可。向所杀者，犹鸟兽而能言耳。今有犬啮一狸，狸啮一鹦鹉，何足怪也！昔重耳恋齐女，而欲食狐偃；叔敖怒楚师，而欲食伍参。贤哲之忿，犹欲啖人，而况遭穷者乎！"①

先简单翻译一下。东汉末年，天下大乱。有个叫管秋阳的人，和他的弟弟，还有一名同伴，三人一起避难远行。逃难途中，下起了大雪，断粮，没有食物可吃。在绝境之中，管秋阳对弟弟说："为今之计，只有吃掉这名同伴，否则三个人都会饿死。"于是兄弟二人联手杀死了同伴，靠吃尸体活了下来。管秋阳兄弟食人案发不久，恰巧遇到皇帝大赦天下，免予刑事处罚。

问：管秋阳可以算是个好人吗？放到西方或现代，这样的提问简直不可理喻。但在特定法文化之中，却具有一定的合理性。

这个奇特的案件，引起了两位名人的关注。

第一位是建安七子之首，以捍卫礼法、发表奇谈怪论著称

---

① 王天海、王韧：《意林校释》卷五引《傅子》，北京：中华书局，2014年，第532—533页。

的孔融。他说："管秋阳爱惜先人的遗体，吃掉同伴，没有问题。"所谓"先人遗体"，并不是父母的遗体，而是他自己的身体。在古人观念中，一个人的身体是祖先遗留下来的，并不属于他自己。一个人没有随意处分自己身体的权利，只有爱惜"先人遗体"的义务。《孝经》云："身体发肤，受之父母，不敢毁伤，孝之始也。"《论语·泰伯》记载，曾子临死之前召集弟子，让他们揭开被子检视自己完整的手脚，庆幸地说：从今往后，我终于免于刑戮，可以带着完整的身体去地下见父母了！一个人的身体不仅直接蕴含着父母的精血，并且负有传宗接代的任务，所以不能轻易毁伤。孔融认为：管秋阳爱惜祖先留给他（和他弟弟）的身体，所以才吃掉同伴，牺牲一个较小的法益，保全一个较大的法益，没有问题。

第二位是曹操的首席谋士荀彧（也可能是荀悦）。他不认可管秋阳自己的命与那位同伴的命有什么区别。他反驳道："管秋阳为了保全一条生命，剥夺了一条生命。生命与生命，无法比较大小。这难道不是杀人罪吗？"

孔融进一步陈说理由："这个同伴只是普通的同行路人，并不是五伦之内的'朋友'。如果像管仲吃掉好友鲍叔牙，贡禹吃掉至交王阳，那是不行的。管秋阳兄弟与同伴三人，在平时状态下，都是人；但在生死存亡的时刻，同伴对于管氏兄弟而言，不过是一只会说话的鸟兽罢了。管氏兄弟杀死同伴，就好像狗吃了一只狸猫，狸猫吃了一只鹦鹉，何足怪哉！"接下来，他又引经据典，论证了吃人的合法性。不再赘述。

管秋阳食人案，与“洞穴奇案”一样，都是绝境之下杀死、食用一个人，以保全更多人。但区别在于，本案出现了中华法系最大的兴奋点——人伦。兄弟在五伦之内，同伴在五伦之外，能否杀死五伦之外的同伴，保全五伦之内的兄弟？这是本案的“奇”处。

不可否认，这个案件非常粗糙，孔融的说理即便放在汉末也难以服人，而更多带有标新立异的意思。但是作为原型，足矣。如果将“兄弟共谋杀同伴食尸以自存”，改造为“孝子为救濒临饿死的老父，杀陌生人以饲父”，那就直逼中华法系众多价值的核心冲突了。剩下的只是编织更丰富的细节。详细的案情，请移步正文。

这样一来，西方法系内生的“洞穴奇案”，便脱胎成了中华法系内生的“洞穴公案”。

“洞穴公案”解题

我把这个虚构的新案例，命名为“洞穴公案”。以下作三点解题。

第一，什么是“公案”？

“公案”是一个传统词语。本义是官府的办公桌，后来用于指代办公桌上堆积的案牍，尤其包括案件。再进一步，引申为聚讼纷纭、难以裁断的案件。近人文章中常说的"一桩大公案""文坛公案"之类，就是在这个意义上使用的。宋元以来，又有所谓"公案小说"，剧情以清官侦查破案为主，例如"包公案""狄公案""施公案""于公案""百家公案"……后人或比附为西方的侦探推理小说。此外，唐宋以来的禅宗也有"公案"的说法。所谓公案，通俗地说，"即是前世祖师教授弟子，令弟子开悟的经过，也就等于是'教学记录'"，或者说是"公开的案例"①，或者说是"由禅师提出要弟子回答的问题"②。这层含义，已经近乎思想实验的意思了。综上所说，"公案"一词兼具法律、聚讼、案例、教学诸种含义，借来作为"奇案"的替换语，应该是合适的。

第二，以何种程序为法理观点的展示平台？

中国古代的司法程序，迥异于英美法系，似乎缺乏"法官陈词，各抒己见"这样的平台。不过，上古时代有"议事以制，不为刑辟"的传统，即通过集体议事的方式，裁决疑难问题。《尚书·尧典》有尧主持的治水人选的会议，《商君书》第一篇是秦孝公主持的秦国是否变法的激烈争论。秦汉时代，不仅中

---

① 释成观法师：《北美化痕（一）》，台北：毗卢出版社，2001年，第282—283页。

② ［日］铃木大拙：《禅宗讲座》，载《禅宗与精神分析》，洪修平译，沈阳：辽宁教育出版社，1988年，第51—69页。

央朝廷的群臣集议比比皆是，郡县听讼断狱也每有"吏议"。^①
唐宋以降，集议被进一步约束于法制的框架之中，而不再随意
使用。但每逢大案，仍有高质量的法理研讨。例如北宋神宗时
代的阿云案，王安石、司马光、文彦博、吕公著、富弼等数十
位名臣集体参与讨论，展现了高超的法律水准与精深的法理修
养。^②以中央朝廷的集议制度为各派法理观点的展示平台，可
以展现中华法系的程序特色。

第三，背景如何设置？是否引经据典？

如前所述，"洞穴奇案"的背景虽然近乎架空虚化，但仍
在当前历史的延长线上。富勒对法学经典的引用十分克制，他
试图让读者直接领略法官陈词中所包含的"朴素真理"。对此，
"洞穴公案"的写作只能借鉴一部分。首先，本案的背景也会
尽量虚化，设置在一个架空的王朝。但这个王朝并不像纽卡斯
国一样，处于当前历史的延长线上，而是处于中华法系解体之
前的时间分叉线上。换言之，那是一个中华法系并未解体的平
行时空。我会效仿富勒，为那个王朝设置独特的法律史，官
制也出于七拼八凑。但精通历史的读者不难洞察这些设置的原
型。其次，与"洞穴奇案"最大的不同是，本书将较多地引经

---

① 参见秦涛《律令时代的"议事以制"：汉代集议制研究》，北京：中国法制
出版社，2018年。

② 参见〔宋〕马端临《文献通考》卷一百七十《刑考九》，北京：中华书局，
2011年，第5097—5100页。

据典。"洞穴公案"作为思想实验，目的并非（也无力）推进法理学的发展，而是展示曾经在中国历史上存在过的种种思想。这些思想对于当代中国人而言，已经十分陌生，以至于如果我不用"乡音"（原文）而用"客话"（西语逻辑的白话文）表出之，必将令人"笑问客从何处来"。但为了扫除阅读障碍，我将尽量克制原文的直接引用，而采用正文白话意译、注释标明出处的变通形式。这样，读者在欣赏正文顺畅的逻辑与文气之余，也可以通过注释一一按寻依据与出处了。此外，我还刻意模仿了《洞穴奇案》的西式文风。陌生化的处理方式，也许能令读者与中国古典保持适当的欣赏距离，生出别样的美感。

最后，为了避免不必要的期望与失望，必须澄清的是："洞穴公案"并非足以与"洞穴奇案"相颉颃的思想实验，也并不是后者的山寨与舶来，只是另一种写法的《中国法思想史》而已。

目　录

洞穴杀人案

——华朝本元三年于朝堂集议

华朝本元二年十二月二十二日，男子陈祥向洞阳县廷自首犯有杀人、肢解的罪行。

本朝太祖皇帝曾颁布诏书，规定"奏谳制度"：县官如果遇到难以裁决的疑难案件，可以提交州一级；州官如果仍难以裁决，可以提交最高法官大司寇，由大司寇组织天下律学家审理。如果大司寇仍不能裁决，便写成包含拟判意见的详细报告，附上与本案相关的律令、判例，提交皇帝。

县令认为本案案情离奇，法律适用存在明显的疑难，且量刑可能高达死刑，便启动奏谳程序，将全部案卷材料提交离州府。州刺史认同洞阳县令的判断，提交大司寇。

大司寇经冗长的讨论，依律拟判斩刑。但超过半数的与会律学家认为：判决结果显然存在令人不安之处。案件最终被呈交到了御前。

此时，已是本元三年正月，民间对本案的热议显然超过了对元旦新年的热情。舆论持续发酵，本案轰动天下。太学生三千人诣阙上书，以激烈的言辞向朝廷施加压力，为疑犯请命。陈祥的次弟陈吉也按照前朝已经被抛弃的做法，上书请求代兄受刑。

鉴于案情复杂离奇、社会影响重大，年轻而审慎的皇帝以密诏的形式向多位重臣征求意见，并在内朝召集了几次小型的会议后，终于在二月下发姗姗来迟的诏书，在朝堂召开最高规格的集议。中使汪忠恩宣读了诏书："制诏御史：离州县民陈祥杀人饲父，久讼不决。朕闻《礼》有'三讯'之义，《书》云'谋及卿士'。其与宰相、御史、诸卿、大夫、博士朝堂大议。"

于是，经宰相的主持，备受天下人瞩目的集议就此启动。案件事实将在大司寇的立议陈词中充分地呈现。

观点一

法虽不善，犹愈于无法

大司寇韩鞅陈词

案情回溯

本元二年十二月二十二日，洞阳县尉巡视辖区内的一片无人荒原时，发现一具冻死的男尸（后证实是本案被害人杨释的弟弟杨迦），立刻对周围进行仔细的侦查，很快发现正在赶路的一行三人。其中一名中年男子（疑犯陈祥）立刻向县尉自首，招供了数日前在一个洞穴杀人、肢解的详细经过。

以下案情，主要来自疑犯陈祥的口供，并经侦查核实。

疑犯陈祥（案发时三十五岁）是洞阴县民。去年（本元二年）五月以来，洞阴县因旱灾引发饥荒。在州府的赈灾队伍抵达之前，部分县民已经开始逃荒。十二月初三日，陈祥与其父陈千秋（六十八岁）也携带剩余的粮食开始逃荒，试图穿越一片广袤的无人荒原，前往最近的邻县洞阳县。

穿行的第三天（十二月初五日），陈氏父子偶遇本案被害人杨释（二十八岁）及其弟弟杨迦（二十五岁）。经询问，杨氏兄弟也是逃荒的洞阴县民，因迷路困于无人区，已经断粮三日，十分饥饿。陈父经过计算，再有二日就可以穿越无人区，便把紧张的干粮分了一部分给杨氏兄弟食用。杨氏兄弟便提出和陈氏父子结伴同行。据推测，原因可能是陈父认识路，也可能是看中陈氏父子还有部分干粮。陈氏父子没有拒绝。

傍晚，四人寻觅到一个洞穴，决定在此歇脚，躲避风寒，次日再走。当时，有一位医士孙佗（六十一岁）同样从洞阴县逃荒，已经躲避在洞内。五人一起夜宿洞穴。

当天夜里，罕见的暴风雪袭击了这片荒原。次日（初六日）早晨，五人发现洞口已经完全被冰雪封冻。下午，被困的众人勉强凿开洞口，发现风雪完全没有停止的迹象。五人中最年轻、体力最强的杨迦不愿坐以待毙，决定外出探路并寻觅食物与救援，结果再也没有回来。后来被证实，杨迦在风雪中迷路，当天晚上冻死在洞穴西北十二里处。

见杨迦始终未归，其他人便不敢再冒险出洞。五天以后（十一日），在极其节省的情况下，洞内所有可以食用的东西还是被吃光了。其间，陈祥与杨释多次尝试出洞或求救，都以失败告终。被困的第十一天（十六日），最老弱的陈父因过度饥饿而虚弱不堪。医士孙佗诊断认为：陈父如果三天之内得不到食物果腹，必死无疑。这时，杨释以随意的口吻问道："我曾经看过一本《救荒本草》，说荒年吃死人肉可以活命，不知有没有这样的事？"孙佗据实回答："是的。"杨释沉吟片刻，又问："如果等人死后，再吃死人肉，不算触犯刑律吧？"孙佗默不作声。

陈祥救父心切，借用孙佗随身携带的医刀，从腿上削肉喂给父亲吃。陈父见状，悲愤交加，厉声大骂："你是家中的嫡长子，除你外只有一个次弟，留守家园。离失既久，不知是死是活。（事后得知，次弟陈吉幸存。）如今我已经老迈无用，年近七十而死，也算古来稀。而你身负延续香火的承重之责，绝不可自残。我绝不会吃这块肉。你如果再做这样的事情，我立刻咬舌自尽！"陈祥涕泣承诺。

又过了一天（十七日），陈父生命垂危，多次昏厥，神志不清。当天夜晚，陈祥趁杨释在睡梦之中，用石块将之一击毙命，先盛取血液，后割取肉片喂饮喂食其父。陈父在神志不清的情况下食用，终于赖以活命。医士孙佗见人已死，也吃了少许血肉，并劝陈祥："人还活着，我绝不会劝你杀人；人既然已经死了，你何不也吃一些活命？"陈祥垂泣道："我只要还能坚持，绝不吃人肉。"他只肯吃泥土、喝雪水，勉强活命。

五天之后（二十二日），雪终于化了。陈祥背负虚弱昏沉的老父离开洞穴，恰巧遇到在此巡查的县尉，主动自首。县尉立刻将三人隔离，分别进行救治。经治疗，三人全部脱离危险。在神志清醒的状态下，陈祥详细地交代了全部案情，并说："杀人救父，义无反顾；触法而死，死而无憾。"孙佗与陈千秋也分别作出了独立的证言，与陈祥的口供吻合。据现场侦查，没有发现与疑犯口供不符的证据。

本案经奏谳程序，由洞阳县廷提交离州府，再提交大司寇。本府已经组织律学家进行多次集议，拟判斩刑。现将律令的依据陈说如下。

本案的相关律条清晰无疑

《律·断狱》第四百八十四条规定："法司审理刑狱的判决依据，必须是《律》的正文。违反的主审法官，笞刑三十。"[①]按照本朝的官制设计，大司寇属于最高法司，必须在《律》的范围内裁断。尽管对本案有种种不同看法，但在《律》的范围内，本府法官和与会律学家们的观点惊人的一致。

关于这桩离奇的案件，《律》的规定如大众所能预料的，毫无含糊之处。《律·贼盗》第二百五十六条明文规定："凡是谋杀人，并且造成已经杀害结果的，处以斩刑。"[②]这就是本府拟判斩刑的依据。

可能引起人们猜测议论的，是本案是否可以适用"自首免

---

① 《唐律疏议·断狱》第484条："诸断罪皆须具引律、令、格、式正文，违者笞三十。"必须提请读者注意，华朝《律》文并不严格依照《唐律》，而是多有变通。《唐律》只是附供参考。

② 《唐律疏议·贼盗》第256条："诸谋杀人者，徒三年；已伤者，绞；已杀者，斩。"

罪"与"留养其亲"的减免规定。遗憾的是，在这两点上，我们也看不到任何疑难，因为律条的规定异常清晰。

首先，疑犯构成自首，但不适用自首免罪。《律·名例》第三十七条："凡是犯罪还没有案发，主动自首的，都可以免去罪责。"按照《律疏》，"没有案发"指的是：一、无人向官府告发；二、官府尚未立案。所以本案疑犯构成自首。但是《律》规定："凡是造成不可挽回的损害，便不适用自首免罪的规定。"《律》文接下来的举例，明确包括了"对人造成损伤"的情况。[①]本案疑犯谋杀被害人，并将之杀死，无法适用自首免罪。

其次，疑犯不适用"留养其亲"的规定。《律·名例》第二十六条："凡是犯了死罪的人，如果其直系尊亲属已经年满七十岁以上，并且该尊亲属没有成年子孙，可以向皇帝提出减免刑罚的申请。"[②]据此：一、作案时陈父年六十八岁，今年六十九岁，均不符合年满七十岁的条件；二、陈父另有次子陈吉，不符合没有成年子孙的条件。所以本案疑犯不适用"留养其亲"的规定，无需向皇帝提出额外的申请。

当然，尽管无需依照"留养其亲"提出申请，但本案仍然通过奏谳程序提交到了御前。原因是本府集议时，虽然全部与

---

① 《唐律疏议·名例》第37条："诸犯罪未发而自首者，原其罪。……其于人损伤，于物不可备偿……并不在自首之例。"

② 《唐律疏议·名例》第26条："诸犯死罪非十恶，而祖父母、父母老疾应侍，家无期亲成丁者，上请。"

会法官和律学家认为法律适用没有疑难，但超过半数的律学家仍觉得斩刑的拟判令人不安。

以上是本府前期工作情况的交代。以下，本人将以最高法司长官的身份，针对律学家们那高尚但失之天真的不安情绪，发表看法。

既定的公法高于无定的私善

律学家们感到不安，原因很简单。他们没有完全理解自己的角色，搞混了一起刑事案件的判决，应当援引的依据只能是什么。这很容易理解，因为当四十年前我还只是一名初入公门的刀笔吏时，这种不安的情绪也曾充盈我的胸腔。

做一个简单的比较，就明白了。本府的法官，包括在《律》的范围之内作专业思考的律学家们，无一例外认同斩刑的拟判。但是拟判之后，半数左右的律学家迅速脱下法律的外衣，袒露出柔软善变的良心，啧啧叹惜。原因很简单，此时的他们是在以凡俗的视角打量一起专业法官才有能力评判的案件。让我们再看一下纯粹的凡俗的反应。就在我们热议之时，朝廷的北阙之下，太学的全体学生正在那里举幡示威。太学生的教材以经籍为主。在他们的知识结构中，律令是完全缺席的。

受过专业训练和实务历练的法官，全体认同拟判；只受过专业训练、缺乏实务历练的律学家，半数认同拟判；毫无法律素养的太学生，全体抵制拟判。事情还不够明显吗？如果诸位认为《律》是必要的，那就应当听从专业人士的意见；如果诸位认为太学生是对的，那就请废《律》，解散大司寇府，将每一个案件交给朴素、柔弱、善变的良心去解决。

到那时候，我想太学生们慷慨激昂的倡议高调，一定会变成七嘴八舌的无效争论，最后归于哑火吧。战国时代的慎子说："法律即便不完美，也胜过没有法律。"①对我的属下而言，这是毋庸置疑的基本前提；但对在座的诸公而言，恐怕是惊世骇俗的奇谈怪论、泯灭良心的冷酷之言。所以，请允许我略做解释。

我不像在座诸位，直到今年偶然看到本案，才天真地惊呼："原来我们的法律是不完美的！"四十年来，我每天都在经手案件，每起案件都在向我提示法律的不完美。几乎每个嫌犯都能讲出一个凄美动人的故事，表明自己的杀戮不是犯罪，而是义举；表明法律对他们的审判不是正义，而是罪孽。讽刺的是，只有那些真心悔过、一心求死的罪犯，反倒令法官判决得心安理得。

在无数案件的磨砺之下，我没有让自己脆弱的神经变得冷硬。恰恰相反，我学会了隐身在法律的背后，保留了公的律，取消了私的我。在生活中，我与诸位一样，也会悉心呵护自己

---

① 《慎子》："法虽不善，犹愈于无法。"

的多愁善感。摘下獬豸冠[1]，我也会像律学家们一样感到良心不安，我也想和太学生们一起示威举幡，但在法庭上，我只能把一切交给法律，由它裁决，而不是我。

因为四十年的法司经历，令我明白：每个人都可以有每个人的私善，但一个国家只能有一个国家的公义。成文的礼典与律典，就是为了取得私善的最大公约数，集合凝固成重叠的公义。而公义一旦确立，必须义无反顾地抛弃私善。[2]依循既定的公法行事，便有秩序；凭借无定的私善行事，便无秩序。[3]

有这样一个古老的故事：君王看到一头即将被杀、用于祭祀的牛，叫得很悲哀。他顿生怜悯之心，命令属下换成一头替死的羊，理由是"见其生不忍见其死，闻其声不忍食其肉"。他采取的对策并非大发愿心，从此不再杀生，而是远离屠宰场和后厨，再也不要听到动物的哀叫。[4]

这位君王的怜悯很廉价，对策却远比阙下示威的太学生们明智。如今，我想说：没有接受过法律训练的人们，何必因为偶然目击的一头哀叫的牛，便大发慈悲，破坏后厨的秩序？这

---

① 《后汉书·舆服志》："法冠……或谓之獬豸冠。獬豸，神羊，能别曲直。楚王尝获之，故以为冠。"按：秦汉法官均服獬豸冠。

② 《慎子》："法制礼籍，所以立公义也。凡立公，所以弃私也。"

③ 《韩非子·诡使》："《本言》曰：'所以治者，法也；所以乱者，私也。法立，则莫得为私矣。'故曰：道私者乱，道法者治。"

④ 《孟子·梁惠王上》："君子之于禽兽也，见其生，不忍见其死；闻其声，不忍食其肉。是以君子远庖厨也。"

样的牛，后厨每天不知要宰杀多少呢。要么取消庖厨，从此不再食肉；要么收起你们廉价的怜悯，远离庖厨，把脏活儿交给专业人士，从此安心待在阳光之下，享受你们的岁月静好。

最后，为了预防可能的曲解，我还想做一点提前的辩护。我刚才说："法律即便不完美，也胜过没有法律。"恐怕有人会以为，我认为与本案相关的《律》文并不完美。如果是这样，那就太冤枉了。《律》文五百条，几乎每一条都有古老的来源，但我认为第二百五十六条也许最为古老。这条律文曾被无数古人凝练概括为四个字："杀人者死。"据说曾有一位极端厌恶法律的皇帝，废除了前朝的全部律条，仅仅保留了三款，第一款就是"杀人者死"。战国的荀子曾说："杀人，应当偿命；伤人，应当处刑。这是任何君主也不可能改变的法条，古老得无法考察它们起源于何时。"① 如此古老的法条，千百年来一定经历了远比本案更复杂、更离奇的严峻考验，历久弥新，如今却要因为一部分人少见多怪的不安情绪，断送在本朝吗？希望诸公掂量清楚这次集议的分量。

---

① 《荀子·正论》："杀人者死，伤人者刑，是百王之所同也，未有知其所由来者也。"

观点二

乱世的犯罪，责任主要在国家

太学生顾登龙陈词

　　大司寇的陈词，令我瞠目结舌。他竟然将司寇府比喻为屠宰场和后厨，将可矜可悯的嫌犯陈祥视作待宰的牛羊。并且他蛮横地关上庖厨的大门，傲慢地喊道："品下午茶去吧，你们这群毫无法律素养的凡俗！"司寇府的法官们经过数十年的魔鬼训练，终于做到了杀人时不再眨眼。而他用得道高僧般的口吻说："我学会了隐身在刀的背后。我把一切都交给了手里的这把刀，是它在杀人，而不是我。"当然，他只能这样自欺欺人。否则他的良心会和我们一样不安。

　　大司寇说律令是公义，不应当废公行私。他又说，这个国家只有经过严格的专业训练、丰富的实务历练的一小部分人，才会认为斩刑的拟判是合理的——这一小部分人，我想从大司寇府到天下所有州府、县廷的法司全部算上，至多不超过一万人吧？而在他眼中毫无法律素养的天下生民，以先帝雍熙九年的数据而言，至少有一亿三千万之巨。一万人的观点是"公"，一亿人的观点反而是"私"？那么公私的标准，究竟何在？

不可否认，刑狱的裁断不应以民意为准，而应以律令为准。但当大司寇府的法官大人们对《律》的理解，与天下民众相左之时，我想请问：《律》究竟仍是天下的公义，还是早已沦为大司寇府的禁脔？退一步而言，假设大司寇府的法官大人们对《律》的理解是准确的，天下人都因为缺乏法律素养，理解错了。那么，如此难以理解、如此容易误解、如此违背朴素认知的一部《律》，将令天下民众的手脚往哪里放呢？

更何况，与本案相关的律令，并不是什么需要专业、精深的律学知识才能参与讨论的偏僻法条，而是如大司寇所说，最古老、最众所周知、最不容易引起误会的"杀人者死"。所以，请大司寇屈尊降贵，倾听一个有良心的法盲的观点吧！

没有一个法条可以置身法意之外

大司寇的观点，最令人震惊之处是：他试图将律学家们的不安，作为妨碍律令正常运作的有害杂质过滤出去。殊不知，这份不安正是《律》的灵魂。大司寇的过滤行为，无异于买椟还珠，必将令本朝的律令失魂落魄，成为徒具其表的"行尸走肉"。

在久远的春秋时代，孔子曾说："以德行为引导，以礼仪为准则，民众将一心向善，具有耻心；以政策为引导，以刑法为准则，民众将一心逃避惩罚，丧失耻心。"①也许大司寇会嗤之以鼻，明确告知我：古人的言论不能作为刑事裁判的依据。那么，请允许我简略回顾大更化以来的法律史。

大更化后的第一期，据说是几个享寿五百年以上的黄金王朝。据史官考证，国祚绵长的秘诀是恪守大更化后残留的古代制度与文化。但是制度的残缺、文化的堕落，令最后一个黄金王朝崩溃为无数小国，历史进入第二期。那个时期，各国依照不同的国情，奉行不同的法律理念与制度，简直为后世积累了取之不尽的实验成果。数百年的战乱之末，一个奉行机械执法的国家迅速崛起，凭借强大的军力吞并了残存的几个大国，统一天下，这就是臭名昭著的亡朝。大司寇以不同凡俗的法律精英自居，但是据我所知，这样只认刑法、不知有他的法律精英，在亡朝比比皆是。法庭是他们的砧板，律令是他们的屠刀，嫌犯是待宰的牛羊。当天下民众意识到，每个人都有可能被送进那神秘的庖厨时，亡朝也就覆灭了。

前朝的圣宗皇帝，重新拾起上古的思想与制度，将失落已久的道德和礼仪注入冰冷的律条。这是近三百年来最激动人心的法律运动，大司寇竟然视若无睹。《律》的开篇是什么？大司寇一定会流畅地背诵："《律·名例》第一条，关于五刑的规

---

① 《论语·为政》："道之以政，齐之以刑，民免而无耻。道之以德，齐之以礼，有耻且格。"

定。"错。"五刑"之前，还有一段长长的《律序疏》，似乎与判决无关，也不在明法科考试的重点之内，绝大多数律学生和刀笔吏都会选择跳过去。但是，请认真读一读这振聋发聩的句子吧："道德与礼仪，是治理的根本；律令与刑罚，是治理的手段。二者就好像朝日与夕阳、阳春与寒秋，结合在一起才算完整。"[①]

也许大司寇会反驳：这种浸贯道德与礼仪的法条，在《律》中是有限的，例如"留养其亲"和"亲亲相隐"。绝大多数法条，仍是纯粹技术性的。"杀人者死"的古老法条，自从亡朝以来，甚至大更始之前，就不曾变化过。不错，法条的躯壳没有变化，但当《律》全体浸贯了良善的法意，难道任何一个法条却可以置身事外吗？大司寇说太学生的知识构成中大约没有法律，那大司寇的知识构成是否只有法律呢？否则，怎么会对道德、礼仪、法律史，一概视而不见呢？

今之所谓公义，古之所谓残贼

大司寇热衷于侈谈"公义"，那在下不妨附庸风雅一番。众所周知，本朝的《律》并非民众集体制定的，这样的事情在

---

① 《唐律疏议》序疏："德礼为政教之本，刑罚为政教之用，犹昏晓、阳秋相须而成者也。"

大更化之后的历史上也几乎不曾有过。本朝的《律》，沿袭自前朝；而前朝的《律》是开国之初，由宰相领衔的一个立法班子制定，经太祖皇帝批准而通过的。据我所知，那个立法班子的成员绝不超过十五个人，其中大多数是亡朝的刀笔吏出身。大司寇凭什么认为十几个刀笔吏闭门造出的《律》，可以代表天下人的"公义"？因为太祖皇帝的批准吗？皇帝不过是一姓之私，凭什么可以成为万民之公呢？难道不是因为当年太祖皇帝吊民伐罪，推翻亡朝，拯救黎民于水火吗？

上天生育了万民，又多此一举，为他们设置了一名君主，是为了便利他们的生活，而非妨害他们的生活。[①]古典时代的明人黄宗羲，详尽描述了真正能代表"公义"的制度。他说："上古的君王，知道天下的民众需要衣食，便给他们分了田地，让他们播种粮食与桑麻；知道天下的民众需要教化，便给他们并设学校，赋予知识；创制婚礼，防止淫乱。又增收最低限度的赋税，进行必要的国防建设，防止外族入侵。"[②]前朝太祖皇帝推翻亡朝，立刻兑现承诺，实行均田制度，给天下每个丁男都分配了耕地，给每个丁女都分配了桑麻地，并将这一制度白

---

① 《左传·文公十三年》："天生民而树之君，以利之也。"

② 《明夷待访录·原法》："二帝、三王知天下之不可无养也，为之授田以耕之；知天下之不可无衣也，为之授地以桑之；知天下之不可无教也，为之学校以兴之，为之婚姻之礼以防其淫，为之卒乘之赋以防其乱。"

纸黑字写进了《令》典。①至今，本朝的《田令》仍可以轻易查到均田制度的原文。民众就是出于对本朝能够持续推行均田制度的信赖，才放弃了自谋生路、另立君主的权利，而冒着巨大的风险，把养育和教化的责任托付在君主手中。这才是太祖皇帝批准通过的《律》具有"公义"的根本源头！

历史已经过于久远，足以令人遗忘制度的本原。看看眼前的这个天下吧！建国之初的几任君主为了增收赋税、恢复元气，限令男女及时婚配。如今，随着人口的增殖、移民的迁入，天下人口早已从亡朝末年的四千万，繁衍到一亿三千万之巨！可是当初承诺的均田制度，早已经名存实亡。新增的人口无田可分，只能够一分一厘积攒钱财，掏空几代人的辛苦钱才能勉强购置一块田地。一旦买田，国家与法律便及时地出现了：入籍登记、交易税、田税、地税、青苗钱、地头钱……②唐代有篇文章，记载永州的郊野，有户人家以捕捉毒蛇为生，连续几代人都死于蛇毒，却仍乐此不疲。原因是：蛇毒只能毒死一个人，苛捐杂税却足以逼死一家人！但与今天相比，唐代的那点赋税真可谓小巫见大巫了！这样的制度，还有资格以"公义"

---

① 中国历代开国之初，大多有类似平均分配田地的制度。唐代的均田制规定在《唐令·田令》中，但是否贯彻实施，史学界有争议。参见［日］仁井田陞《唐令拾遗》，栗劲等编译，长春：长春出版社，1989年，第540—548页。

② 《叶适集》："盖至于今，授田之制亡矣。民自以私相贸易，而官反为之司契券而取其值。"（北京：中华书局，1961年，第652页）

自诩吗？《孟子》说："今天朝廷的所谓理财专家，就是古人所说的'民贼'啊！"套用同样的句式，岂不可以说：今天的所谓"公义"，就是古人所谓残害天下苍生的贼寇啊！

诸公可能觉得我扯得太远。接下来，我就向诸位揭示：以上论说绝非一个太学生的高调激论，而是与本案的定罪量刑息息相关的考量因素。

"灾荒"是本案必须考量的因素

司寇府的法官们讨论本案，像是从案件血肉相连的细节中，摘取与冰冷律条相关的要件，拿进真空的实验室，进行纯粹理性的观察。他们只关心：本案有没有律条所谓"谋"与"杀"，有没有"已经杀害"的结果。至于案件其他有血有肉的细节，在他们眼中不过是无关无谓的干扰项而已。只有法盲才会被这些干扰项吸引目光，浪费感情。

我真不明白，这样机械简单的规定动作，大司寇为什么费了整整四十年才学会。要知道，看到法条之外广阔而复杂的世界，可比这难多了！

必须注意，本案的背景是本元二年五月以来，洞阴县那场可怕的旱灾造成的饥荒。离州府的报告显示，饥荒造成的死亡人口已经达到六千八百人以上，而洞阴县总人口不过十一万一千而已！为什么一场接近八个月的饥荒，会造成如此巨大的死亡？这是一场纯粹的、偶然的天灾，可能引发的结果吗？不妨翻一翻古老的《礼记》吧。

《礼记·王制》说："一户农民耕作三年，除了平日吃穿用度，一定可以积攒下一年的余粮；这样计算，九年就能积攒三年的余粮，足以抵御连续三年的自然灾害。一个国家没有九年的粮食储备，叫作'国用不足'；没有六年的储备，叫作'危急'；连三年的储备都没有，那就没有资格称之为一个国家了！"[1]我做过调查，如果按照《田令》定额的均田制度与赋税制度，那么本朝农民耕作三年也能积攒一年的余粮。洞阴县已经连续十二年风调雨顺，理论上家家户户可以积攒四年以上的粮食储备。为什么仅仅八个月的饥荒，就将之打回原形？难道不是因为国家自己没有遵照《田令》分配田地、征收赋税的结果吗？民众拿不到分配的田地，只能掏空所有，自行购置田地。田地还没有拿到手，征税的官吏早已如逐臭之蝇，闻风而至。十二年下来，勉强温饱，家中连一担一石的储备都没有。饥荒发生，民众盼望朝廷的赈灾，犹如大旱之望云霓，结果迟迟未至。极端失望之下，灾民们只好冒着生命危险，穿越无人区。屋漏偏逢连夜雨，又被困在洞穴之中。望着垂危的老父，绝望之中，陈祥只好忍痛含泪杀死被害人。就在这时，执法官吏立刻出

---

[1] 《礼记·王制》："国无九年之蓄曰不足，无六年之蓄曰急，无三年之蓄曰国非其国也。三年耕，必有一年之食；九年耕，必有三年之食。"

现，拿着《律》条，得意洋洋地说："杀人者死。你必须为你的犯罪行为，付出应有的代价。"

朝廷自乱典章不分田地、乱收赋税的时候，你们在哪里？饥荒连月，饥民腹无粒米、对赈灾队伍望眼欲穿的时候，你们在哪里？老父形销骨立、气息奄奄的时候，你们在哪里？为什么刚杀人，你们就来了？你们处心积虑挖一个大坑，埋伏窥伺，一旦民众失足跌入，立刻加以罪责，处以死刑。这种做法，难道不叫坑害民众？难道不叫谋杀无辜？这样的《律》也有资格称之为"公义"吗？也有资格叫作"法"吗？这样的朝廷、州府、县廷，也有资格冒充民之父母吗？骗谁呢？欺天吗？[①]

乱世的犯罪，责任主要在国家

大司寇的陈词，洋溢着一种沾沾自喜的语气，这令我不禁联想到春秋末期的一则故事。

曾子的一位弟子，被任用为法官。就任之前，他向老师请教："担任法官，有什么要注意的吗？"曾子回答："当今朝廷与

---

① 《明夷待访录·学校》："授田之法废，民买田而自养，犹赋税以扰之。……是亦不仁之甚，而以其空名骊之曰'君父，君父'，则吾谁欺！"《原法》："此其法何曾有一毫为天下之心哉？而亦可谓之法乎？"《孟子·梁惠王上》："若民，则无恒产，因无恒心。苟无恒心，放辟邪侈，无不为已。及陷于罪，然后从而刑之，是罔民也。"

政府已经丧失了正当的道义，所以民众易于背离法律，轻于违法犯罪。每一起犯罪，政府的责任多，嫌犯的责任少。所以你担任法官，必须本着悲悯之心定罪量刑，切勿因为破获真相而沾沾自喜。"①由此可见，两耳不闻窗外事的法官是不合格的。时代早已变迁，均田制度早已废弃，赋税制度早已变乱，洞阴县的府库空虚毫无赈灾的能力，法官却拿着几百年前与《田令》紧密配套的《律》，一丝不苟地机械执行，这是不知大体、不识时务。

　　上古时代有一则法律格言："刑罚的轻重，应当紧随时代的波动。"②说到这里，我必须先做一点文献的考辨。因为这则古老的法律格言，被后世的解经家们窜乱了。他们常常用另一部出处可疑的古书《周礼》来解释这句格言。《周礼》说："针对新国的刑罚，应当轻；针对平国的刑罚，应当轻重适宜；针对乱国的刑罚，应当重。"③魏晋一位假托孔子后代的不知名解经家，引用《周礼》说："'刑罚的轻重，应当紧随时代的波动'，

---

①　《论语·子张》："孟氏使阳肤为士师，问于曾子。曾子曰：'上失其道，民散久矣。如得其情，则哀矜而勿喜。'"东汉马融注："民之离散为轻漂犯法，乃上之所为，非民之过，当哀矜之，勿自喜能得其情。"

②　《尚书·吕刑》："刑罚世轻世重。"

③　《周礼·大司寇》："大司寇之职，掌建邦之三典，以佐王刑邦国，诘四方。一曰刑新国用轻典，二曰刑平国用中典，三曰刑乱国用重典。"

意思就是'新国用轻刑，平国用中刑，乱国用重刑'。"①这个讹误传了很久，到了明代，一位流民出身的皇帝用行政的权力，更简约、更直接地说："治乱世，用重典！"②这句流俗的谚语，彻底改变了古老法律格言的原意。

"世"是时间概念；"国"是空间概念。《周礼》的时代，实行周天子封土建国的分封制度。《周礼》的意思是说：大司寇协助周天子，针对不同的诸侯国，采用不同的刑事政策。新成立的诸侯国，民众还没有得到教化，就用轻刑治理；成立已久的诸侯国，太平无事，就用中刑治理；如果发生暴乱，就用重刑治理。而治理的对象，也不是"民"，而是"国"，也就是诸侯和大臣。《周礼》的三种刑罚，是在同一时代，针对不同空间。

我刚才引用的那句古老的法律格言，则是在不同的时代，采取轻重有别的法律政策。所以，请让我们抛弃魏晋那位不敢实名的解经家，直接看一看先秦大儒荀子的看法吧。荀子说："国家治理良好，民众却悍然犯罪，应当施以重刑；国家治理糟糕，民众迫不得已、铤而走险，应当施以轻刑。因为在治世犯罪，国家已经尽到了治理的责任，个人的刑责就重；在乱世犯罪，国家没有尽到治理的责任，个人的刑责就轻。这就是

---

① 《尚书·吕刑》伪孔传。所谓"伪孔传"，一般认为是魏晋人假托西汉孔安国，为《尚书》写的注释。

② 《明史·刑法志》载朱元璋语："吾治乱世，刑不得不重。汝治平世，刑自当轻，所谓刑罚世轻世重也。"

《尚书》说的'刑罚的轻重，应当紧随时代的波动'的意思。"[①]

　　我的发言已经冗长，现在我将收束全部的思路。本朝的《律》与亡朝不同，不是孤立的、自足的体系，而是道德与礼仪的伴生品，就仿佛阴、阳和合，才是完整的"道"一般。这不是我的想象，而是《律疏》的明文。一切律条，必须基于这个法意来理解。本朝的《律》与《令》紧密配合，都是前朝开国之初，由宰相领衔的立法班子制定，太祖皇帝批准通过的。太祖皇帝由一家一姓之"私"人，得登君临万民之"公"位，合法性来自"树君以利民"。太祖皇帝深知这一点，所以即位之初，立刻颁布了种种物质"养"民、精神"教"民的制度，例如均田制度与赋税制度。这些制度至今规定在《令》中，而《令》的制度的有效推行，是《律》的刑罚得以实施的前提。可是在本案中，我们悲哀地看到：均田制度与赋税制度名存实亡，洞阴县民不但要自己购买田地，还要应付苛捐杂税，导致家无担石之储备，一旦荒年来临，又得不到及时的赈济，只能冒着生命危险，弃家逃生，陷入洞穴绝境。在这种情况下，法官必须明辨：在一起刑事犯罪中，政府应当分担多少责任，剩下的刑责才能落到可怜的嫌犯身上。

[①]　《荀子·正论》："治则刑重，乱则刑轻。犯治之罪固重，犯乱之罪固轻也。"《书》曰：'刑罚世轻世重'，此之谓也。"

观点三

法之意，在法内

少司寇于公杰陈词

顾生的陈词印证了大司寇的判断：太学生的知识结构中，律令是完全缺席的。他旁征博引了远古时代的《尚书》《周礼》《左传》《礼记》《论语》《孟子》《荀子》，为我们娓娓讲述了大更化以来的数千年历史，乃至于连天象的变化、农民的收成都被纳入定罪量刑的考虑范围，唯独对于《律》，在一起刑事诉讼中即便不是唯一也是最优先引用的文本，他绝口不提。哦，差点忘了。顾生还引用了《律》开篇那段长长的序疏，然后便在可以实际操作的第一条之前，知趣地止步了。因为他十分清楚：从那里开始，才涉及本案的实质理据，而他对此一无所知。

既然顾生如此喜欢谈论历史，那在下不妨奉陪献丑。顾生从大更化讲到黄金王朝，讲到列国时代，讲到亡朝，讲到前朝圣宗皇帝开启的激动人心的法律运动，便戛然而止，未免令人感到意犹未尽。在下便接着顾生的话头，继续往下讲。

法律一定与运动无缘

顾生用"运动"这个词语，概括圣宗皇帝以来的法律史的主旋律，容易令人误会那是一场激动澎湃的、一往无前的、烈火烹油的、鲜花着锦的历史潮流。事实上，法律一定与"运动"无缘。每一项因为列国时代数百年隔断而年久失修的道德与礼仪的古老原则，都经过司法领域的个别尝试，法律解释的苦心弥缝，才有机会进入立法领域。又经过立法专家近乎苛刻的挑剔与审视，才被小心翼翼地嵌入《律》典之中。

如果顾生认为，这一把道德与礼仪个别嵌入《律》典的技术工作有意义（事实上，这是他刚刚不惜以"激动人心的法律运动"这样夸张的表达方式加以讴歌的），那么直接援引《律》典之外的道德与礼仪（这正是他刚才的做法），就是错误的。如果顾生认为这项技术工作没有意义，在他的"法律世界"里，道德与礼仪就是至高无上的国王，《律》不过是追随其后、为之服务的婢女，那么在下也只能很遗憾地告知：这个想法丝毫不新鲜，因为一百年前的人们也是这样想的，而这个想法正是盛极一时的前朝被篡窃的原因。

圣宗皇帝以来，掌握了各种经籍却唯独没有法律知识的士人们，把亡朝灭亡的种种至今历史学家仍在争论不休的复杂原因，粗暴地归结于一点：毁弃上古的道德与礼仪，机械地执行法律。简化的叙事掩盖了纷纭错乱的史料，不需要读者动脑，所以格外受到民众的欢迎，很快流传开来。这个简单叙事的必然逻辑推论是：只要恢复了上古的道德和礼仪，我们不仅有希望回到黄金王朝，甚至可以回到大更化之前的淳朴世界。这样一来，人们就日益不满于立法专家的保守和低效，恨不得人人攘臂撸袖，个个赤膊上阵，热情高涨、口沫飞溅地参与到立法和司法中来。到这时候，"法律运动"可谓名副其实。野心家也就出现了。大僭主利用空前高涨的复古热情，把自己打扮成精通各种上古典籍、忠实履行上古道德、一举一动都合乎上古礼仪的当世圣人。在诡秘的权力运作和高涨的民意压力双重作用下，年仅三岁的前朝末帝悲哀退位。尚无衰弱迹象的前朝退出历史舞台，僭朝成立了。

顾生会认为僭朝是最理想的黄金时代吗？在那时，道德和礼仪彻底主宰了《律》典，违反道德就会遭到最严厉的惩处。在那时，先是儒生和士人凌驾于法司之上，后来信口雌黄的不学无术之辈又凌驾于饱学的儒生——当保守而低效的立法专家被打倒后，严谨考据古代礼仪制度的儒生们就成为下一批被嫌弃保守而低效的对象了。在那时，人人都可以引用莫须有的"上古道德与礼仪"，大义凛然指责对方违法犯罪。在那时，法官进行任何判决都不再保持可贵的"哀矜勿喜"，因为但凡被判处死刑的人，都不仅仅是违法的嫌犯，更是背德逆理的人渣。死于法律的人，或许还会被人同情；死于道德的人，谁敢同情呢？①以理杀人，杀人诛心，这就是"法律运动"的恶果！

大僭主被推翻以后，复古的狂热终于冷却。本朝的法律精神，兼具理想与务实。道德与礼仪当然是治理的根本，但所谓根本必须深藏于土中汲取来自远古的养分，而非裸露地表像花枝一样招展。

立法可以随时，司法只能依法

顾生最强有力的观点是那句远古的法律格言："刑罚的轻重，应当紧随时代的波动。"在下并不打算反驳这句格言，也十分认同顾生对其真实含义的精彩辨析。但是很可惜，经文的精彩训释，并不能改变顾生对法律一无所知这个事实。因为他完全搞混了立法与司法的关系。

时代的波动，只能作为立法的考量因素；而凝固不变的法律，才是司法的唯一依据。

同样意思的古老法律格言，在下还可以继续补充。例如："要为不同的人，设立不同的法。"又如："人定的法律没有永恒的正义，而应追随不同时代的共识。"这当然都是对立法的要求。在立法的时候，必须认真考虑：女性是否应当特殊？老弱

①〔清〕戴震：《孟子字义疏证》："人死于法，犹有怜之者；死于理，其谁怜之？"（北京：中华书局，1962年，第10页）又《与某书》："酷吏以法杀人，后儒以理杀人，浸浸乎舍法而论理，死矣，更无可救矣！"（同上书，第174页）

废疾是否应当优待？官员有无特权？尊长能否豁免？当特殊人群有值得区别对待的理由，而人群的数量达到一定标准，那么立法便应遵循法律格言，分别给予特殊规定。顾生引用的那句法律格言中，值得立法区别对待的"时代的波动"，也是如此。

但是，立法工作一旦完成，一切波动必须凝固。这是法律的本质要求。法律文本一经生效，推行必须如四时交替般准确无误，执行必须如钢铁岩石般坚硬不可摧。任何法官都不能再在既定的法律之内，再说什么"为不同的人，立不同的法"，说什么"紧随时代的波动"。否则的话，就混淆了立法与司法各自的功能。①

天下万事，唯变所适，时间长河，逝者如斯，没有一刻静止。严格来讲，任何法律写成之时，就是过时之日。司法如果"紧随时代的波动"，无异于取消法律。洞阴县的饥荒，我们都很同情，相关官员也必须依据法律，严肃追责。但问题是：一场饥荒，是否足以将王朝的一个县变为法外之地？如果是，那么无数的问题随之而来：什么程度、何等范围的饥荒，可以制造法外之地？可以成为"刑罚的轻重"应当紧随的"时代的波动"？饿死六千八百人的饥荒，饥民杀人，应当减刑几等？饿

---

① 《晋书·刑法志》："古人有言：'善为政者，看人设教。'看人设教，制法之谓也。又曰：'随时之宜'，当务之谓也。然则看人随时，在大量也，而制其法。法轨既定则行之，行之信如四时，执之坚如金石，群吏岂得在成制之内，复称随时之宜，傍引看人设教，以乱政典哉！"

死一千八百人的呢？是否应当在法律之中预先规定轻重的幅度？这个幅度一旦定出，时代又波动了，怎么办呢？法律岂不成了古代名家悖论中那个永远追不上乌龟的捷足善走之人？

由此可见，顾生的主张存在严重的内在困难，根本没有操作的可行性。

法之意，在法内

对顾生的反驳，并不意味着就赞同大司寇的拟判。在下只是切除对法律的不切实际的想象，尽量让讨论更简洁。事实上，大司寇府集议时，在下与律学家们一样深感不安。只是在还没有想到妥善的解决方案之前，一切法律之外的不安都是无效的情绪，所以在下没有表态。如今，妥善的方案已经找到了。

大司寇说：他经过四十年的历练，终于学会了隐身于法律背后，让法律自己起作用。诚如顾生所说：这是自欺欺人。《孟子》说："道德不可能单独实现治理，法律不可能自己发挥作用。"[1]如果法律自己会判决，还要法官干什么呢？

法律是死物。在下已经说过，法律一旦制定完成，就已经过时。正是法官的司法活动，赋予法律长久的生命力，使僵死

———————————

[1]　《孟子·离娄上》："徒善不足以为政，徒法不能以自行。"

的法条得以适应瞬息万变的时势，能够裁决千奇百怪的案件。法官的司法与凡俗的横议，最大的区别在于：司法不能旁逸出法条的范围，信手拈来法外的道德与典籍；而应在法条之内，悉心求索良法之内的美意。先王为我们留下的法律虽不完美，但也经历了数百年的考验与订补，绝大多数美好的法理都已如玉在璞，深蕴石中。只求遇到一名识货的良工，将其顺着原本的纹理，细细雕琢出来。①

这话说得有些玄虚，在下将举出实例，说明过去遭遇疑难案例时一般的处理程序。

在法律确定性尚未被普遍认识的大更化之前的古老时代，有过这样的案例：一名老年女子告到县廷，状告自己的义子。她哭诉说："我丈夫死后，我的义子就长年把我霸占为实质上的妻子，每当看到我与别的男人交往，就妒火中烧，非打即骂。"县令立刻逮捕了那个禽兽不如的义子，经过讯问，果然如此。问题来了：将母亲霸占为妻子，该当何罪？当时的法律——不仅当时，至今的法律仍是如此——没有任何可以遵循的规定。县令经过深思熟虑，做出解释："法律没有规定'以母为妻'该当何罪，并不是立法者一时疏忽，而是因为立法者实在不忍心写下这样令人发指的罪名。法律留下这个空白，正是为了让当

---

① 《明夷待访录·原法》："使先王之法而在，莫不有法外之意存乎其间。其人是也，则可以无不行之意。"

代的司法者依据具体案情，个案个裁。这就是欧阳氏《尚书》所谓'法官造狱'的权力。"于是，他以夸张的形式，对不孝子实施了死刑。[1]

"法官造狱"当然不见容于本朝的律令。但是这个古老故事启示我们：我们的《律》典是否真如大司寇所说，是完美自足、不假外求的精密体系？关于本案的一切律条都是如此清晰无疑？还是《律》典其实暗藏着细细的透气孔，给疑难案件留下了独特的处理程序？

大更化之前，律学家公认水准最高的法典是《唐律疏议》，那个时代最令人困惑的法律难题则是复仇。众所周知，自从宗法分封的国家体制崩溃之后，君王面临的便是一个广土众民的王朝。君臣之间没有骨肉之亲，无法再用氏族宗法的血缘关系捆绑在一起。法家一度用法律制度强行规定君臣之间的义务，但是归于失败。[2]经过数百年的尝试，当时的儒家构拟出一种"移孝作忠，化家为国"的体系。简而言之，子女对父母有天然的感情，在应然的层面就叫"孝顺"；父母对子女也有天然

---

[1] 《汉书·王尊传》："美阳女子告假子不孝，曰：'儿常以我为妻，妒笞我。'尊闻之，遣吏收捕验问，辞服。尊曰：'律无妻母之法，圣人所不忍书，此经所谓造狱者也。'尊于是出坐廷上，取不孝子悬磔著树，使骑吏五人张弓射杀之，吏民惊骇。"颜注引晋灼曰："欧阳《尚书》有此造狱事也。"

[2] 《韩非子·备内》："人臣之于其君，非有骨肉之亲也，缚于势而不得不事也。故为人臣者，窥觇其君心也，无须臾之休，而人主怠傲处上，此世所以有劫君弑主也。"

的感情，在应然的层面就叫"慈爱"。一个普通人，无法直接理解超巨大的国家对于他的意义，也无法体会那个高高在上、一生也不可能见到的皇帝与他的关系。所以，比照家庭关系，理解国家关系；比照父子关系，理解君臣关系。将对家的义务，转移为对国的义务；对父的感情，转移为对君的感情。这就是"移孝作忠，化家为国"。

但是，这一做法有一个内在的理论症结：假如父与君、家与国的利益发生正面冲突，忠与孝两种义务难以两全，怎么办？"复仇"就是这个核心冲突衍生的法律难题。本案也是。

人世间最大的仇恨，莫过于杀父之仇。按照最自然的情感，杀父的仇人必须被杀死，无法被原谅。但是，孝子眼中的"杀父"，在国法之中不过是"杀人"。而"杀"罪有六种以上犯罪形态，并不都是死刑；即便死刑，也可能遇到赦免。如果国法一定程度原谅了"杀人"行为，那么孝子可否追杀仇人？如果追杀，是否应当受到法律的惩处？这就是所谓"复仇"难题。

令人困惑的是，《唐律疏议》作为立法水准高超的法典，并没有给出解答。但是，这绝不代表《唐律》的立法者没有考虑到"复仇"的存在。《唐律》第二百六十条："祖父母、父母和丈夫如果被人杀害，严禁私下和解。"① 第二百六十五条："凡

---

① 《唐律疏议》第260条："诸祖父母、父母及夫为人所杀，私和者，流二千里。"

是判处死刑的杀人犯，如果遇到赦免，而被害人家尚有近亲属的，应当由国家安排转移到距离被害人家乡千里之外，另行安置居住，以逃避仇杀。"[①] 从这两个法条不难推断：第一，立法者完全知晓"复仇"的存在；第二，立法者并不否定"复仇"的正当性，否则就不必煞费苦心安排仇家躲避被害人子孙的追杀，只要禁止复仇就可以了；第三，立法者并不支持"复仇"的正当性，因为整部《唐律》没有一个律条将"复仇"列为可以减免的情节。

那么，立法者的原意究竟是什么？当唐代的法官和律学家们很快遭遇到现实的复仇案件，他们查明以上律条，很快解读出了立法意图：如果立法严禁复仇，就伤孝子之心，违反人伦；如果立法允许复仇，就一定会有人借法杀人。立法者清晰地认识到：并非一切问题都能由立法一劳永逸地解决，有些难题不妨留给司法，针对具体的个案"造狱"，个别地裁决。[②] 从此之后，一直到本朝，"复仇"的难题都是这样解决的。

接下来，在下将细心探寻立法者为严密的法律留下的透气

---

① 《唐律疏议》第265条："诸杀人应死会赦免者，移乡千里外。"疏："杀人应死，会赦免罪，而死家有期以上亲者，移乡千里外为户。"这叫"移乡避仇"。
② 〔唐〕韩愈《复仇状》："最宜详于律，而律无其条，非阙文也；盖以为不许复仇，则伤孝子之心，而乖先王之训；许复仇，则人将倚法专杀，无以禁止其端矣。……杀之与赦，不可一例；宜定其制曰：凡有复父仇者，事发，具其事申尚书省，尚书省集议奏闻，酌其宜而处之，则经律无失其指矣。"(《韩昌黎文集校注》，上海：上海古籍出版社，1986年，第593—594页)

孔以及针对疑难案件的司法程序惯例。

法律的透气孔

大司寇的陈词，提到了本朝一项众所周知的法律原则——留养其亲。父母年老，膝下只有一名独子，独子犯死罪，并非直接减刑，而是向皇帝提交减刑的申请。被称为"上请"的法律术语，就是《律》典的透气孔。这样的透气孔，散见于《律》典的各个位置。例如第一百二十二条《律疏》针对一项没有明确规定的刑责，解释道："法律不规定明确的罪名与刑罚，就是为了让法官临时向皇帝请示。"[1]第三十条《律疏》针对老幼残疾犯死罪应当申请圣裁的规定，解释说："法官不应该进行裁断，而应该向皇帝请示。"[2]

类似的律条，不胜枚举。当然，《律》典没有规定本案应当向皇帝请示。本案与大多数"复仇"案件一样，是依据奏谳程序提交御前的。"复仇"的处理程序已经非常成熟，本案前所未有，但两者都属于礼法价值的核心冲突衍生的疑难案件，则并无二致。所以不妨参照"复仇"的处理程序，解决本案。

"复仇"案件的处理程序，一般是：第一，州县官启动疑难

---

① 《唐律疏议》第122条律疏："……故律不定刑名，临时上请。"

② 《唐律疏议》第30条律疏："……曹司不断，依上请之式，奏听敕裁。"

案件的奏谳程序，提交大司寇，大司寇拟判后提交御前；第二，皇帝下诏，启动集议程序。到这一步为止，我们正是这样操作的。第三，群臣集议，详尽讨论案件的方方面面，最后给出依法处置的最终意见，但同时提示皇帝注意案件可以从轻的种种理由；第四，皇帝一般会用至上的权力，给出从轻的恩赦之令；第五，从惯例来看，恩赦之令一定会特别标注："本赦令是仅仅针对本案的个案个裁，法司不得作为同类案件的判例引用。"①

这里必须说明：为什么集议结果一般从法、从严，而由皇帝从赦、从轻；为什么集议不直接给出从赦、从轻的结果，由皇帝直接加以批准。第一，但凡召集集议的案件，大多疑难不能决，集议意见很难达成一致，所以最终意见常常以法律为准，再额外列明疑点与异议；第二，对民众的恩德，必须出自君主，而不能出自臣子。②集议的结论如果从严，君主还有改议而从宽的余地；集议的结论如果从轻，而事后被发现并不合理，君主难道要亲自唱黑脸，改为从重吗？须知，赦免是君主的权力，而司法应当是臣子的本分。

所以在下认为：集议的任务就是列出种种从宽的理由，将之作为附录，列在依法处置的结论之后，等候皇帝依照惯例但不得作为判例的赦令。

---

① 赦令属于"一切之恩"，常常注明"后不得以为比"。这类史料很常见，例如《后汉书·刘恺传》："遭事之宜，后不得以为比。"

② 《韩非子·八奸》："利于民者，必出于君，不使人臣私其德。"

观点四

道德的归道德，法律的归法律

议郎苏子昂陈词

少司寇心细如发地发现了法律的透气孔，令人耳目一新。这个发现并非徒劳，也许会在其他疑难案件中发挥作用，但是本案无需多此一举。因为疑难案件才需要按照他说的五步走，而本案并无半点疑难之处。

就法律而言，疑犯陈祥的杀人行为是否构成《律》第二百五十六条的谋杀罪？当然构成。大司寇府（当然也就是全天下）最精通法律的全体法官与律学家们对此都没有异议，便能证明法律适用并无任何疑难。既然构成谋杀罪，那么斩刑便是顺理成章的结果。

就道德而言，陈祥杀人救父的行为是否符合孝道？当然符合。不仅符合一般的孝道，甚至符合朝廷旌表的准则，值得国史馆载入史册。半数律学家的良心不安、三千太学生的诣阙上书，就是明证。

本案之所以从洞阳县廷，到离州府，到大司寇府，乃至刚才三位已经发表意见的同僚，都认为是疑难案件，正是因为他们把道德标准与法律标准混为一谈。

在这一点上，嫌犯本人反而有着清晰的认知。大司寇回顾案情时提到，嫌犯有这样一句令人震撼的口供："杀人救父，义无反顾；触法而死，死而无憾。"前半句，表明他对杀人行为的道德价值（义）一清二楚；后半句，表明他对杀人行为的法律后果（法）了如指掌。《论语》说："求仁得仁，又何怨焉？"又说："有杀身以成仁。"陈祥在道德层面的目的是尽孝道，如今陈父已经获救，他的孝道已经完成；陈祥在法律层面的代价是被斩首，他对此无怨无悔。这不仅是他自己的口供，也是《论语》的教诲。

在本案中，道德与法律离则双美，合则两伤。所以我的建议是：第一，依照国之正法，陈祥谋杀罪成立，处以斩刑。这是法律层面的处置。第二，对他的坟墓与门楣加以旌表，宣传他的大孝大义，令后世之人都能学习。这是道德层面的处置。①

---

① 〔唐〕陈子昂《复仇议状》："谓宜正国之法，置之以刑，然后旌其闾墓，嘉其徽烈，可使天下直道而行。"（《陈子昂集》，上海：上海古籍出版社，2013年，第176页）

观点五

反常案件应该用权道裁断

御史章介之陈词

法律与道德应当一致

议郎的陈词出人意料地简洁，他的错误也显而易见。

他的裁决办法，是把针对同一行为的两种可能评价，简单叠加。按照这个做法，世间将不可能出现两难选择，法律将不可能遭遇疑难案件。所谓"两难"，诚如少司寇所云，必定是两个核心价值相冲突，而必须定于一个判准。议郎的解决之道十分简洁，只要取消"必须定于一个判准"的执着，让两个核心价值各还其轨、并行不悖就可以了。嫂嫂溺水，叔叔如果伸手救援，违背"男女授受不亲"的礼法，却符合"见义勇为"的大义。怎么办？按照议郎的办法，很简单：先依"见义勇为"奖其道义，再依"男女授受不亲"责其淫乱。父亲偷羊，儿子如果为之隐瞒，违反"严禁包庇窝藏"的法律，却符合"亲亲相隐"的经义。怎么办？按照议郎的办法，也很简单：先依

"包庇窝藏罪"处罚，再依"亲亲相隐"免罪。这种处理方式的荒谬之处，是显而易见的。

议郎提出：法律的归法律，道德的归道德。这是不可能的。因为法律与道德不是两回事，而是一致的。法律也是一种道德，并且是底线的道德。底线的道德是不应违反的，违反则有刑罚；高处的道德是很难达致的，达致则有旌赏。违反底线的道德，却能达致高处的道德，这在逻辑上是不可能的。一个行为既符合高处的道德而应被旌赏，又违反底线的道德而应被惩罚，这在逻辑上是不成立的。

嫌犯杀人救父，如果在道德上应当受旌赏，那就不得基于同一行为而被诛杀；如果在法律上应当被诛杀，那就不得基于同一行为而受旌赏。处死一个应当被表彰的人，这是惩罚制度的混乱；表彰一个应当被处死的人，这是激励制度的混乱。制度如果混乱，那么老百姓就连手脚都不知道往哪里安放。想要履行孝道的人，担心因为孝行而被杀，就会狐疑困惑。议郎居然还想把这个被国家法律处死的孝子树立为天下后世学习的榜样！这种榜样除了彰显国家的治理理念自相矛盾，从而令民众头脑困惑、行为混乱，还有什么意义呢？

现在大家齐聚一堂，群策群力集议这个法律难题，正是要从理论上探索制度的统一标准，从逻辑上排除一个既可能受赏又可能受罚的谬误。①

此外，议郎引用《论语》认为嫌犯陈祥"求仁得仁"，不应该抱怨法律可能给予的负面评价。这也是对《论语》的误解。

"求仁得仁"和"杀身成仁"，都是个人道德修养，而不是国家治理方略。即便是圣人，又何尝不希望一个"仁"的行为，能有一个"利"的结果？孔子就说："如果既能符合道义，又能荣华富贵，那么就算给人当专职司机我也乐意！如果没有这样的便宜事，那我还是追求我认为对的事情好了。"②换言之，"仁"的追求是自足的，无需外求的，只以自己的意志为转移、不以国家的意志为转移的。③一个"仁"的行为一旦做出，仁的追求就已经实现。至于国家的评价是正面抑或负面，根本无足轻重。所以才说"求仁得仁，又何怨焉"。

个人可以求仁得仁，无需欣喜其利、抱怨其害。但国家的仁政，必须以德报德，以直报怨。个体的道德行为，获得国家的正面评价；个体的不道德行为，获得国家的负面评价。这就

---

① 〔唐〕柳宗元《驳复仇议》："旌与诛莫得而并焉。诛其可旌，兹谓滥，黩刑甚矣；旌其可诛，兹谓僭，坏礼甚矣。果以是示于天下，传于后代，趋义者不知所以向，违害者不知所以立，以是为典，可乎？盖圣人之制，穷理以定赏罚，本情以正褒贬，统于一而已矣。"（《柳宗元集校注》，尹占华、韩文奇校注，北京：中华书局，2013年，第292页）
② 《论语·述而》："富而可求也，虽执鞭之士，吾亦为之。如不可求，从吾所好。"
③ 《论语·颜渊》："为仁由己，而由人乎哉？"

叫作"国家有道",也就是"仁政"。

如果一个人为符合道义的行为,随时做好了杀身成仁的准备,这是一个良好的人;如果国家因此而认为这个人活该去死,这是一个糟透了的国家。如果这个国家杀死了这个人,却去他的坟墓前敬献花圈、隆重表彰,无异于砍断一个人的手臂,却给他安上一个美玉制成的假肢,[①]非但于事无补,唯显精神错乱。

以上是我对议郎的驳论。以下谈谈我赞成什么。

反常案件须以权道裁断

少司寇从程序的角度提出了重要的建议,值得认真对待。

他说:按照疑难案件的司法惯例,应当遵循州郡奏谳、群臣集议、皇帝恩赦的做法。这个另辟蹊径的办法,饶有启发。不过这个办法存在几个内在困难。

第一,道德绑架皇帝,不是臣子应该做的。少司寇说:"对民众的恩德,必须出自君主,而不能出自臣子。"但是他对君臣相处之道,可谓只知其一,不知其二。如果按照少司寇的建议,集议的结果是谋杀人罪成立,依法处斩,却将种种从轻的理由附录于后,暗示皇帝发布赦令。这岂不是要挟皇帝必须

---

① 《韩非子·用人》:"以德追祸,是断手而续以玉也。"

恩赦？如果皇帝出于某种考虑拒绝发布恩赦，岂非替臣子背黑锅？皇帝表面上手握生杀予夺的决定权，实际上除了按照臣子的剧本"唱红脸"，别无选择。作为臣子，既遵守了严格司法的职分，又博得了为民请命的美名，又将一切黑锅甩给皇帝，还美其名曰"臣子唱黑脸，君主唱红脸"，真是把便宜都占尽了！

第二，期待皇帝发布赦令，违背"疑难案件个案个裁"的立法精神。少司寇一方面强调，"法律的透气孔"的立法精神是将疑难案件交给司法，个案个裁；另一方面又主张存在着"大臣依照法律提交集议结果，静候皇帝发布赦令"的司法惯例。这两项主张也是内在矛盾的。如果这个"司法惯例"成立，那么一切疑难案件必将获得法律之外的恩赦，赦令附带的"不得作为判例引用"的声明就是无效的，"个案个裁"的立法精神也就不复存在；如果这个"司法惯例"不成立，那就无法期待皇帝会发布赦令，依照法律的司法集议将作为最终判决而生效，而这无疑违背了少司寇苦心探索"法律透气孔"的初衷。

必须声明，以上质疑并不意味着少司寇对程序的苦心探索毫无意义。恰恰相反，我只是试图把几个松动的钉子敲实。少司寇的错误，源自他大大低估了自己发现的程序方案的伟大意义。以下，我将引用大更化之前一位晋朝最高法官的理论，一次性解明本朝司法程序及其引用法源的全部意义。

这位法官的理论，可以用他那个时代特有的古语，凝练为十二个字："主者守文，大臣释滞，人主权断。"①

"主者"就是法司，从县廷、州府到大司寇的各级法司。法司审判，是司法的常态。法司唯一应当引用的理据，就是《律》的正文。即使是大司寇府的集议，也不过是吸收学养深厚的律学家加入，探讨法律条文的可能性，而不能在《律》之外寻找理据。这就叫"主者守文"。这项工作，到大司寇府做出拟判为止，就已经结束了。换言之，本朝的疑案奏谳程序，大司寇府集议是一个关键节点。大司寇将拟判提交御前的那一刻，一个较《律》典更为广阔的法源世界也就随之开启。

皇帝将本案下发集议。集议的参与者绝非更加精通法律之人（本朝最优秀的法律专家，早已在大司寇府集议之时全部亮相），而是大臣、言官、宗室、学者……每个人的所长都各不相同。他们不必在《律》的成规之内探讨案件，因为不可能比大司寇府的集议做得更好。他们当然可以引用《律》，但也可以并且应当引用经典、礼仪、先例、法理……一切常行的原则与规范，都可以借来探讨本案，直到将这个凝滞在法律血管中的堵塞物彻底疏通为止。这就叫"大臣释滞"。

如果集议仍然无法解决疑难，那么还有最后一道保险——"人主权断"。在这里，我必须岔出思路，先解释一下"权"的

---

① 《晋书·刑法志》载廷尉刘颂上疏："法欲必奉，故令主者守文；理有穷塞，故使大臣释滞；事有时宜，故人主权断。"

意思。

众所周知，天地间的至理，一般称作"道"。"道"无所不在，充盈天地之间；"道"无形无相，不受任何东西的约束；"道"随时随地在变化，无法被完全提炼和概括，无法用语言和文字表述。语言文字一旦表述"道"，就会立刻遗漏掉其无法表述、不可言议的部分。

依照"道"，每一个案件都是独特的，应当被独特地裁决。据说在大更化之前法律尚未出现的远古时代，人们正是这样做的。[①]打个比方：甲盗窃一万个铜币，乙盗窃一万零一个铜币。假如甲应当判处一年徒刑，那么乙应当获得的最适宜的刑罚应当是一又万分之一年徒刑。但是，法律不可能这样细致入微，不可能绝对地因人而异、因案而异地裁判，否则就等于取消法律。法律的特性是稳定。所以，人们即便不能完全地概括"道"本身，也应当努力将"道"中相对稳定的一部分提炼出来，这就是"经"。"经"是"常"的意思，是"道"的常态形象。

"经"的载体包括经典、礼仪、先例、法理……"权"则没有载体。"经"中最刚性、最稳定的一部分，就是"法"，载体是《律》。所以，"主者守文"相当于法司引用"法"裁决一般案件；"大臣释滞"相当于群臣引用"经"裁决疑难案件。至于"经"都无法裁决的反常案件，应当由皇帝用"权道"加以

---

① 《左传·昭公六年》："昔先王议事以制，不为刑辟。"

裁决，这就叫"人主权断"。

"权"是"道"除"经"外，剩余的变化不居、不可捉摸的部分。"权"的本义是计重用的秤砣与砝码。秤砣依据称量物的轻重，变动位置；砝码依据称量物的轻重，锱铢必较。所以，"权"是衡量、变动的意思，是"道"的变态形象。《春秋公羊传》对"权"有一个经典的定义："权，就是违反了'经'的规定，却产生了符合'道'的良好结果。"[①]

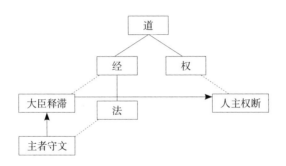

以上，我解明了本朝全部司法程序的法意。简单概括一下：法司审判用"法"裁决一般案件，大臣集议用"经"裁决疑难案件，君主用"权"裁决反常案件。本案显然属于法司审判与大臣集议都难以解决的反常案件，不但案情之离奇为数千年来所仅见，并且前面几位大人的讨论也是见仁见智，无从裁

---

① 《春秋公羊传·桓公十一年》："权者，反于经，然后有善者也。"

断。所以，本案已经脱离了"法"与"经"能够起作用的范围。我们应当迅速结束徒劳无功的集议，将本案交由皇帝，进行最高层次的"权断"。

爱有差等，人命可以排序

经博士孟舆陈词

用权之害，大于行权之利

御史对"经"与"权"的概念，做了不厌其烦的解说。以经学的常识衡量，这些解说还算清楚，也没有明显的错误。值得称道的是御史对程序的精彩解读，有助于我们达成集议启动以来的第一项共识："法"无力单独裁决本案（如果可以的话，本案的最终裁决场合就是大司寇府）；要么"经"，要么"权"。如果是"经"，集议应当继续；如果是"权"，集议应当立刻停止，因为依据御史所说（我将证明这种说法本身就是错的），那将是皇帝的权力范围。

御史的贡献到此为止。以下，我将指出御史犯下的经学错误，以便于清理继续集议的障碍。

第一，皇帝事实上没有"权断"的能力。

御史把"权断"说得像使用秤砣与砝码一样轻松，仿佛任何一个小贩都可以轻易胜任。事实上，"权断"是一种极其高超的行政技巧，难度绝不亚于在万丈高空走钢丝。"权断"如果不慎，危险度绝不亚于从钢丝上失足跌落深渊。这绝不是危言耸听，且来看看孔子的说法。

孔子说："一群人可以一起学习，但不一定都能朝着'道'的目标前进。志同道合的人，可以一起朝着'道'的目标前进，但是能够达到'经'的层次，并且稳稳立住的同伴，少之又少。少有的几个能够掌握'经'的人，大约无法掌握如何用'权'。"①孔子本人，早在十五岁就能立志朝着"道"前进了，直到三十岁才能到达并立在"经"的层次上，直到七十岁才能随心所欲地在"道"的范围内用"权"。②以孔子的天赋与努力，掌握权道尚且如此艰难，御史凭什么认为皇帝有能力针对一起如此疑难的案件进行"权断"？我并非大不敬得敢于质疑今上的个人能力。从理论上讲，任何君主都不应当具备这样的能力。因为一名理想的君主，应当是一名"法盲"。就连最赞成法律之治的法家，也这样认为。

大更化之前的战国时代，有一位王想要介入案件的审判。

---

① 《论语·子罕》："可与共学，未可与适道；可与适道，未可与立；可与立，未可与权。"

② 《论语·为政》："吾十有五而志于学，三十而立，四十而不惑，五十而知天命，六十而耳顺，七十而从心所欲不逾矩。"按："志于学"即"志于学道"的省语，"立"即"立于道"的省语。用经、权、道的概念解读孔子的自述，是该博士的一家之言。

大臣说："你想介入审判，何不试着读一点法律？"王找来法律，读了几行，就昏昏欲睡。对此，《韩非子》评论说："不做一个王该做的事，却试图做一个臣子该做的事，昏昏欲睡简直是必然的结果。"①法律是人臣应当掌握的知识，君主无需掌握；审判是司寇应当承担的工作，君主无需过问。从未掌握法律知识、从不过问审判工作的皇帝，怎么可能有"权断"的能力？

第二，除了圣人，没有人能"权断"。

当然，我认为皇帝没有权断的能力，并不意味着我认为集议诸公就有此能力。事实上，不应当认为任何人有能力"权断"，除了已经死去的圣人。各位尝试着想一想："权断"意味着什么？意味着天下有这样一个人，他有权力不经任何说明，擅自决定其他人的生死。因为"权"是"道"不可言说、不可捉摸的一部分，所以"权断"一个人的生死，无需（也无法）做出说明。这和扔硬币有什么本质区别？诸位，法律文明进步至今日，虽然还存在诸多的不足，起码一切都在人类理性的范围之内。岂能容忍法律的最深处存在一个神秘的黑洞（而非"透气孔"），随时随地可能吞噬世间的一切？

御史引用一位晋朝的法官的言论，就想为君主确立"人主权断"的权力，这是没有任何道理的。即便是君主，也只能在

---

① 《韩非子·外储说左上》："魏昭王欲与官事，谓孟尝君曰：'寡人欲与官事。'君曰：'王欲与官事，则何不试习读法？'昭王读法十余简而睡卧矣。王曰：'寡人不能读此法。'夫不躬亲其势柄，而欲为人臣所宜为者也，睡不亦宜乎？"

"经"的层次，对他一切决断的依据做出合理性解释，供天下人检视。只有圣人，才有能力独面幽深的道体，探索未知的边界，将"道"的不可思议、不可捉摸的部分（权），不断翻译成可以思议、可以把握的部分（经）。而我们后世之人，只能遵循这部分来行事。[①]换言之，本案必须在"经"的层面加以裁决，绝不能托诸神秘而不可知的"权"。

有可能御史会觉得，只要找到一位当世圣人，就可以用权；也有可能御史会直截了当地认为，皇帝就是当世圣人，皇帝的旨意、裁判就是圣旨、圣裁。那么我必须重申本朝形成的一个共识，那就是——

第三，圣人只能身后追认，世上没有活着的圣人。

"活圣人"的危害，自大更化以来，我们领教过两次了。第一次是亡朝的开国皇帝以行政命令自封"大圣"。可是他梦想千秋万世奉承的"圣意""圣法""圣治"，如今仅残存在几块歌功颂德的碑石上。第二次是大僭主将自己扮演成当世圣人，得到民众的一致拥戴。可是他处心积虑制定的"圣制"却给天下带来了无尽的混乱与灾难。本朝肇建，就严令禁止任何人自

---

① 《朱子语类》："经者，道之常也；权者，道之变也。道是个统体，贯乎经与权。……所谓经，众人与学者皆能循之；至于权，则非圣贤不能行也。"

称"圣人"或吹捧皇帝为"圣人"。[①]也许我们这个时代有伟大的圣君，但只有等他万岁之后，才能盖棺论定他能否享有美谥；也许我们这个时代有纯素的圣臣，但只有等他百年之后，才能最终评定他能否陪祀孔庙。远溯大更化之前，孔、孟、董仲舒、朱熹、王阳明……莫不是死后才有"圣人"之名，生前只能栖栖惶惶如"丧家之犬"。圣人不能活着成圣，这也许是圣人的悲哀，却是时代的福音。[②]

第四，"人主权断"将导致灾难性的后果。

自前朝圣宗皇帝以来，君主就倚重拥有知识的士人，排斥建立军功的勋贵。本朝更是逐渐形成了"天子与士人共治天下"的默契。[③]御史却想打破这个默契，利用本案，为皇帝争取"人

---

① 汉代君主不敢自称圣人，光武帝明确下诏"禁人上书言圣"，这都是吸取秦始皇与王莽的教训。参见邢义田《秦汉皇帝与"圣人"》，载《天下一家：皇帝、官僚与社会》，北京：中华书局，2011年，第59—63页。圣人及其言说，是中国古代最重要的法律渊源之一。时君能否称圣，是中国传统法律文明程度的一个晴雨表。所以这篇论文涉及非常重大的问题。

② 《论衡》反复讲到这个道理。如《讲瑞》篇云："桓君山谓扬子云曰：'如后世复有圣人，徒知其才能之胜己，多不能知其圣与非圣人也。'"又云："夫圣人难知，知能之美若桓、扬者，尚复不能知。……世儒见圣自谓能知之，妄也！"又如《定贤》篇："圣人难知，贤者比于圣人为易知。世人且不能知贤，安能知圣乎？"

③ "与士大夫共治天下"是宋代的政治共识，也是一千余年士大夫政治演生的高峰。相关论述可参见余英时《朱熹的历史世界：宋代士大夫政治文化的研究》，北京：生活·读书·新知三联书店，2004年，第210—230页；邓小南《祖宗之法：北宋前期政治述略》，北京：生活·读书·新知三联书店，2006年，第408—421页。

主权断"的权力。诸位，今上登基即位仅仅第三个年头，行政经验十分匮乏。御史刚刚还义正词严地指责少司寇让皇帝背黑锅，如今他自己却让皇帝陷入黑洞，于心何忍？皇帝正是对本案没有把握，才召集此次最高规格的集议，在座诸公作为本朝各个领域最杰出的精英士大夫，尚且不能为主分忧，反而试图把这个棘手的难题重新抛给皇帝？皇帝还能请教谁？无非转交给宦官或外戚。宦官和外戚可不会像在座诸公一般谦虚退让，一定会不管好歹，"贴心地"为皇帝裁决本案。外廷的士大夫没有能力裁决，内廷的宦官、外戚有能力解决，御史大人试想，经此一役，年轻的皇帝今后会信任谁？今天士大夫退让一分，明天君权就会扩张一分，后天不是阉祸横行，就是外戚篡逆。真有那一天，今日列席的衮衮诸公，一个都不能免责，御史就是罪魁祸首！

第五，用"权"有苛刻的条件。

"经权"理论毕竟是一个经学问题，让我们重新回到经学上来。刚才御史引用了一句《春秋公羊传》，却断章取义。现在，我来完整引用被御史舍弃的部分。《公羊传》说："权道只有在这样的情况下，才可以采用：如果不用'权道'，君主一定会死，国家一定会亡。除了君死、国亡的重大危机，绝不能以其他借口，轻易用'权道'。用'权道'还有一定的规则：只能通过损害自己来用'权道'，不能通过损害别人来用'权道'。杀死别人以存活自己，这绝非君子所为。"①试问御史：本案到了"君必死、国必亡"的危急关头了吗？你想让皇帝损害自己来使用"权道"吗？如果两个回答都是否定的，使用"权道"的依据何在？

不按规则行使的权道，容易沦落为野心家的权谋。历史上早已有无数惨痛的教训，我无心举例。

爱有差等，人命可以排序

经过以上讨论，既可以排除"权"的适用，也可以明确"法"在本案没有用武之地。我们的任务就是通过集议，在"经"的范围内为本案找到最妥善的解决之道。

有心人应该已经注意到了，刚才引用的《公羊传》有句话触及了本案："杀死别人以存活自己，这绝非君子所为。"假设本案是陈祥与杨释二人被困在洞穴之内，陈祥为了活命，杀死杨释并且食用尸体，那就成立谋杀人罪，应当被判死刑。这一点，我想诸位应该都没有疑问。本案的困难之处就在于：陈祥杀死杨释，并不是"杀死别人以存活自己"，而是为了拯救自己危在旦夕的老父亲。

---

① 《春秋公羊传·桓公十一年》："不行权，君必死，国必亡。权之所设，舍死亡无所设。行权有道，自贬损以行权，不害人以行权。杀人以自生，亡人以自存，君子不为也。"

在司寇府集议的时候，听说有法官提出："杀死一条人命，拯救一条人命，都是人命，法律怎能厚此薄彼？"我想请各位扪心自问：人命与人命，真的没有厚薄彼此之分吗？古人的确说过："敬爱自己的父母，也要推广这种爱心，敬爱别人的父母；疼爱自己的子女，也要推广这种爱心，疼爱别人的子女。"①试问：邻居的父母和你的父母都掉进河里，你先救谁？邻居的子女和你哥哥的子女都要饿死，你手里只有一个馒头，给谁吃？②

伟大的君子，对于鸟兽草木都有爱惜之心，但是他会拔草喂羊。说明在他心目中，草木不如鸟兽。客人来了，他会杀羊待客。说明他对物只有爱惜之心，没有仁心。如果手里只有一个馒头，饥荒之中只能救一个人，那一定是救亲戚，而不是救客人。说明他对没有血缘关系的人只有仁心，没有亲情。各种生命不相冲突的时候，君子会泛爱众生；各种生命互相冲突、无法俱全的时候，君子一定会给生命排出次序，亲戚优于普通人，普通人优于草木鸟兽。③至于各类亲戚之中，父母又排列首席。④

---

① 《孟子·梁惠王上》："老吾老，以及人之老；幼吾幼，以及人之幼。"
② 《孟子·滕文公上》："信以为人之亲其兄之子，为若亲其邻之赤子乎？"
③ 《孟子·尽心上》："君子之于物也，爱之而弗仁；于民也，仁之而弗亲。亲亲而仁民，仁民而爱物。"又："仁者无不爱也，急亲贤之为务。"
④ 《史记·屈原贾生列传》："天者，人之始也；父母者，人之本也。"

　　由此来看，陈祥在诸人生命不能俱全的危局之中，选择杀人救父，天经地义，无可厚非。

有比人命更高贵的价值

　　如果诸位嫌以上说法还不够透彻，那么我愿再做一点补强。

　　如果有人坚持认为生命不可比价，陌生人的命与父命不可比价，甚至极端地认为一个人的生命与十个人的生命孰轻孰重也不可比价——据我所知，在西极大洋之中，有一个叫作纽卡斯的蛮邦，提出过类似"奔马失驭，直道而践五孺子乎，抑变道而践一孺子乎"的名家诡辩之论——那么不妨直接指出：本案本质上并非人命与人命的比价。

　　战国时代的孟子曾说："鱼，是我喜欢的美食；熊掌，也是我喜欢的美食。两样美食只能吃一样，那还是舍弃相对廉价的鱼，吃珍贵的熊掌吧。生命，我不忍心抛弃；道义，我也不忍心抛弃。生命和道义必须抛弃一样，那还是抛弃生命，追求更高贵的道义吧！"[1]

　　刚才我对人命进行了排序。其实生理意义的人命之所以能

_____

[1] 《孟子·告子上》："鱼，我所欲也；熊掌，亦我所欲也。二者不可得兼，舍鱼而取熊掌者也。生，亦我所欲也；义，亦我所欲也。二者不可得兼，舍生而取义者也。"

够排序，是因为有的生命蕴含着更为高贵的价值。民间有句流传广泛的谚语："百善孝为先。"一切价值之王，就是孝道。这句俗谚包含的朴素真理，可以在经典之中得到印证。《孝经》说："人的德行，以孝道为最大。孝的对象，以父亲为最大。"①本案嫌犯陈祥遵循圣人与经典的教诲，在人命与道义的两难之中，毅然追求比人命更高贵的价值，难道有什么错吗？

---

① 《孝经》："人之行莫大于孝，孝莫大于严父。"

观点七

孝行不能越出私门危及第三人

中执法张骘陈词

本案不是生命与价值的冲突，而是两种价值的冲突

让我尝试复述孟博士刚才的论证逻辑。大前提：生命诚可贵，但有比生命更可贵的价值。在这个价值面前，应当舍弃生命。这个前提出自《孟子》，我当然没有异议。小前提：陈父的生命蕴含着孝道的价值，而孝道是一切价值之王。结论：应当舍弃被害人的生命，以成全最高贵的价值——孝道。

对于孟博士的小前提，我有两点质疑：

第一，孟博士刚才引用《孟子》的"舍生取义"，之前还有大人引用《论语》的"杀身成仁"。但我必须提醒诸位注意：杀身成仁，杀的是自己的身；舍生取义，舍的是自己的命。而本案嫌犯，杀的是别人的身，舍的是别人的命。本案被害人杨释，是不对陈氏父子负有任何道德义务的无辜第三人。所以杀死被害人这个小前提，不适用"舍生取义"的大前提。

第二，孟博士认为陈父的生命蕴含着"孝道"的价值，这没有问题。但是，孟博士为何不尝试探索一下被害人的生命所蕴含的价值，就草草认定这是一条没有价值的生命，急匆匆进入所谓价值与生命的比价？也许孟博士认为，被害人与陈氏父子无亲无故，不存在任何的伦理关系，所以其生命没有价值可言。嫌犯杀死被害人时，并不存在价值的两难冲突。这一判断是错误的。

必须指出，本案的确存在两难，否则便不会经由奏谳程序，召集此次最高规格的集议。但这个两难，既不是生命与生命的排序，也不是价值与生命的比价，而是价值与价值的权衡。被害人的生命所蕴含的价值，绝不逊色于"孝道"，恰恰相反，足以与"孝"分庭抗礼。那就是"忠"。

"孝"在本案中反映得淋漓尽致、一目了然，但"忠"似乎不太明显，必须稍作解释。

《诗经》有云："溥天之下，莫非王土；率土之滨，莫非王臣。"陈氏父子与杨释，都是华朝的百姓，都是皇帝的子民，他们都应当遵循华朝的法律，效忠于国家。如果违反法律，挑战天子的权威，那就是不忠。所以，陈祥杀害杨释，杀害的对象便是华朝天子的子民，破坏的价值便是保护杨释生命的国法。这是一个"不忠"的行为。本案的核心价值冲突，是"忠"与"孝"。[①]

---

① 《韩诗外传》："不私其父，非孝也；不行君法，非忠也。"又《毛诗》郑玄笺："无私恩，非孝子也；无公义，非忠臣也。"

　　少司寇对"移孝作忠，化家为国"做了精彩的解说，并且一针见血地指出我们这种价值体系的核心冲突与理论症结，那就是："假如父与君、家与国的利益发生正面冲突，忠与孝两种义务难以两全，怎么办？"但遗憾的是，少司寇稍一触及这一实质问题，便知难而退，转而从司法惯例与程序的角度寻求解决方案。回避问题不是明智的做法，我们必须直面冲突，深入病灶，一劳永逸地解开症结。否则我们的后人必将世世代代困于梦魇，无法自拔。

忠孝各有适宜的场合，不应越界

　　"忠"与"孝"，孰高孰低？孤立而纯粹的讨论，永远不可能获得确定无疑的解答。所以，下面这个才是有效的提问：什么情况下，忠高于孝？什么情况下，孝大于忠？如果解决了这个问题，那么我们只需要分辨本案属于哪种情况即可。我认为，这个问题是可以解决的。

　　忠与孝孰高孰低，应当看场合。在家门之内，私的领域，私恩掩盖公义；在家门之外，公的领域，公义裁断私恩。[①]

　　不妨先从一件小事情说起。民间有个习惯，父母再有学问，绝不亲自教育子女，必须另请家庭教师。因为但凡教育，

───────────

① 《礼记·丧服四制》："门内之治恩掩义，门外之治义断恩。"

必须以道义要求子女。如果子女做不到，父母就会生气、批评、斥责。子女挨了骂，就会反唇相讥："你要我一言一行都符合道义，你自己做到了吗？"这样一来，父母子女之间就会互相责备、互相怪罪，关系也会越来越差。这叫"君子不教儿子，家里不论是非"。①家庭成员之间，以是非标准互相严格要求，就会伤害亲情，得不偿失。所以家门一旦关闭，就是私的港湾，亲情的天下。再破的家，风能进，雨能进，皇帝的法律不能进。②

"亲亲相隐"，就是如此。春秋时代，在南方的一座小城镇，有个父亲偷了一只羊，喜滋滋回到家，儿子立刻向官府检举揭发，并在法庭审判中担当证人，大义凛然证明父亲盗窃的罪行。孔子听说之后，摇头叹息。他说："父亲为儿子隐瞒罪行，儿子为父亲隐瞒罪行，这才是妥善的做法啊！"③本朝《律》典第四十六条规定："近亲属之间，应当相互隐瞒罪行。"④家门之

---

① 《孟子·离娄上》："公孙丑曰：'君子之不教子，何也？'孟子曰：'势不行也。教者必以正；以正不行，继之以怒；继之以怒，则反夷矣：'夫子教我以正，夫子未出于正也。'则是父子相夷也。父子相夷，则恶矣。古者易子而教之，父子之间不责善，责善则离，离则不祥莫大焉。"

② 请注意：君主不能入侵的"家"，在中国是伦理领域，在西方"风能进，雨能进，国王不能进"的谚语中，是物权领域。

③ 《论语·子路》："叶公语孔子曰：'吾党有直躬者，其父攘羊，而子证之。'孔子曰：'吾党之直者异于是。父为子隐，子为父隐，直在其中矣。'"

④ 《唐律疏议》第46条："诸同居，若大功以上亲及外祖父母、外孙，若孙之妇、夫之兄弟及兄弟妻，有罪相为隐。"

外，官府正在依法追捕罪犯，这是国法公义；家门之内，父母子女基于血缘亲情，温情脉脉地互相帮助，共同对抗国家的法律，这是家道私恩。家里没有法律，亲情就是最大的法律；家里没有国王，父母就是最大的国王。

但是另一方面，一旦敞开家门，游戏规则就变了。每个家庭各行其是、各私其亲，家庭与家庭之间的冲突必将激烈而不可调和。被救的陈千秋固然是陈祥的慈父，受害的杨释难道就不是他人的仁兄爱子？而国家的任务，就是调和家庭之间的关系，这就是国法的起源。血缘是亲情的边界。亲情的边界，就是国法的起点。所以《律》第四十六条补充规定："近亲属如果犯了谋反、谋叛、谋大逆这样严重危害国家安全的大罪，不得互相隐瞒罪行。"[1]

"孝"的主场，在家门之内；再忠心的臣民，也不应该检举揭发犯了普通罪行的父亲。"忠"的主场，在家门之外；再孝顺的儿子，也没有理由强迫别人孝顺自己的父亲。本案嫌犯在洞穴这一公共场合，违背他人意志，杀害无辜的第三人，用以践行自己的孝道，理当依照国法，处以斩刑。

---

[1]　《唐律疏议》第46条："若犯谋叛以上者，不用此律。" 疏："谓谋反、谋大逆、谋叛，此等三事，并不得相隐，故不用相隐之律，各从本条科断。"

观点八

臣才有忠孝冲突，子只有孝的义务

大夫董熹陈词

人民并不天然是臣民

中执法大人旁征博引的陈词，充分暴露了他的阅读盲区。他不仅对《诗经》《礼记》走马观花，甚至很可能压根儿就没有读过《孟子》。

中执法的逻辑是：每个人都有两重社会身份，一是父的子女，二是君的臣民。在家门之内，子女是主要身份，臣民是次要身份，此时孝大于忠；在家门之外，臣民是主要身份，子女是次要身份，此时忠大于孝。本案属于后一种情况，因此父子的私恩应当让位于君臣的公法。

每个人都是父母的子女，这一点当然没有问题。可是，为什么每个人都天然就是君主的臣民呢？中执法显然知道此处逻辑存在缺环，所以特意引用了一句脍炙人口的《诗经》："溥天之下，莫非王土；率土之滨，莫非王臣。"他望文生义地认为：

既然全天下都是君主的土地，那么生活在土地上的每个人自然都是君主的臣民。本案嫌犯陈祥也不能例外。

遗憾的是，《孟子》早就将这种望文生义、断章取义的错误解读，作为反面教材昭告天下后世了。既然中执法大人日理万机，没有空闲阅读《孟子》，那我就不惮辞费，简单地普及一下吧。

这两句诗出自《诗经·小雅·北山》，上下文是这样的：

一群群的公务员，

早晚加班没个完。

公家的事没有尽头，

想起父母我心伤忧。

普天之下呀，哪块地不属于国家？

四海之内呀，哪个人不归王管辖？

领导分配工作为何如此不公，

光把我一个人往死里用？①

读完全诗就知道，"溥天之下，莫非王土"的意思并非"溥

① 《诗经·小雅·北山》："偕偕士子，朝夕从事。王事靡盬，忧我父母。溥天之下，莫非王土。率土之滨，莫非王臣。大夫不均，我从事独贤。"词句理解与翻译，参考了金启华《诗经全译》，南京：江苏古籍出版社，1984年，第515页。

天之下，莫非王土"，"率土之滨，莫非王臣"的意思也不是"率土之滨，莫非王臣"。这两句话的夸大其词，都是为了反衬下文领导分配工作的畸轻畸重。所以《孟子》特别强调：不要执着于呆板的字句，而妨碍了对诗歌意图的理解；如果"率土之滨，莫非王臣"真的就是"率土之滨，莫非王臣"，那么"周余黎民，靡有孑遗"岂不就是说周朝的民众全死绝了？[1]我今天早晨上朝，还听到朝门口的两阙之下，有太学生在大发牢骚："这样简单一个案件，满朝公卿竟然争执这么久还没个结果，真是厉害了我的国！"如果此语流传千年之后，被人如此引用，"千年之前，民众曾经自豪地讴歌道：'厉害了我的国'"，岂非令人哭笑不得？

执着于呆板的字句，必将绝缘于诗歌的真实意图；而用几千年前的夸张诗歌，论证当代民众与君主之间的人身隶属的法律关系，更属牛头马嘴、阴差阳错。

那么，君主与民众之间，究竟是何关系？让我费点口舌，从源头说起。茫茫太古，有天地民众，而没有君主。当此之时，民众不是任何人的臣。即便是古典时代最为君主辩护的法家，也不得不承认：此时的世上只有"天民""生民"，而无"臣

---

[1] 《孟子·万章上》："是诗也，非是之谓也。劳于王事，而不得养父母也。曰：'此莫非王事，我独贤劳也。'故说诗者不以文害辞，不以辞害志。以意逆志，是为得之。如以辞而已矣，《云汉》之诗曰：'周余黎民，靡有孑遗。'信斯言也，是周无遗民也。"

民"。①随着时代的发展、社会组织的复杂化、利害关系的剧烈化，君主出现了。难道因为君主出现，便使得所有"天民"自动转变成"臣民"？当然不是如此。毋宁说：正是因为有人主动放弃"天民"的资格，以"臣民"的身份臣服于另一个人，这才出现了君主吧！

所以问题就在于：一个人为了什么，可以主动放弃"天民"资格，转变为人身依附他人的"臣民"？

正如顾生曾经引用的，古典时代的典籍告诉我们：上天生育了万民，又多此一举，为他们设置了一名君主，是为了便利他们的生活，而非妨害他们的生活。②无论如何巧为之辞，君主支配臣民的合法性，只能来自他的这一承诺：我将给天下万民带来源源不绝的"利"。这一承诺一旦失效，时代的红利一旦归零，那么君主对自己的一切装扮，什么天命所归、民心所向、大势所趋，都将烟消云散。民众抛弃一个不能给自己带来红利实惠、只会给自己带来弊端暴政的君主，绝不会有半点眷恋犹疑。③无论古典时代还是大更化以后，数十个王朝的更迭循环，无不雄辩地证明了这一点。

一个自由的"天民"自愿成为受君主拘束的"臣民"，无

---

①　法家的国家起源理论与自然社会中民众的生存状态，可参见《商君书·开塞》"天地设而民生之"一节。

②　《左传·文公十三年》："天生民而树之君，以利之也。"

③　《尚书·蔡仲之命》："民心无常，惟惠之怀。"

疑也是基于"利"。不过臣民之"利"又可以分为两种情况。

有一种人，为了自身的利益最大化，宁可放弃自由的人格、独立的精神，去做一名"臣民"。他们精于揣摩君主的心思，不仅要做到凡事急君主之所急，想君主之所想，甚至要揣摩出君主自己都没有意识到的欲望，揣摩君心于无形无色之中。为了君主，不要说吃苦耐劳、忍辱负重、强颜欢笑，就算放下身段、挥刀自宫，亦在所不惜。这种人，就是宦官、宫妾之臣。在座诸公都不是这种臣，嫌犯陈祥当然也不是。

还有一种人，受君主大义之感召，为天下苍生之福利，毅然放弃"天民"之自由，躬身入局，接受君主的领导，做了一名"臣民"。这种臣，与君主只有行政分工之不同，并没有贵贱之分。对于此种臣民而言，每个人都既是父的子女，也是君的臣民，这才有中执法所谓"忠""孝"冲突的两难抉择。在座诸公少读圣人书、长立君王朝，都是此种臣民。就我所知，嫌犯陈祥是一个本分的农民，从来没有参加国家官员选拔考试。他只是一名自立于天地之间、自食其力的"天民""生民"，从来都不是君主的"臣民"。

我再强调一次："率土之滨，莫非王臣"只是古人发牢骚的戏言，不足为据。任何人都天然就是天地之生民、父母之子女，而绝不天然是君主之臣民。只有为了天下苍生的福利，暂时放弃天民资格之人，才在该时段内成为君主的臣民，才有子女、臣民的双重身份，才有忠孝的价值冲突。本案嫌犯陈祥从来没有想过要分担君主治理天下的责任，更没有参与任何国家官员选拔考试。君主对于陈祥而言，只是一名路人。[①]陈祥在本案中并没有遭遇"忠""孝"的价值冲突，不能适用中执法所谓"家门之外，忠大于孝"的原则。

本案发生于两个法域的界缘

中执法大人的第二个错误，是对《礼记》所谓"在家门之内，私的领域，私恩掩盖公义；在家门之外，公的领域，公义裁断私恩"（门内之治恩掩义，门外之治义断恩）的误读。中执法不止一次使用了"敞开家门"之类形象的说法，令人误会似乎这个法治原则真的就以一扇木门为界，门内、门外适用截然不同的两套游戏规则。那我试问一个调皮的问题："假如我一脚站在家门之内，一脚站在家门之外，中执法大人又将把我绳之以哪套法网呢？"

这不是抬杠，这是逻辑与语言的较真。事实上，"家门之内"与"家门之外"既不能以木门为界，亦未必是公私的判分。古典时代的官方注疏早已说得很清楚："家门之外，是指在朝廷、官府这一类政治场合。既然在朝廷做官，那就必须以公

---

① 本节观点主要参见《明夷待访录·原臣》。如"君臣之名，从天下而有之者也。吾无天下之责，则吾在君为路人"。

义限制私恩的有效范围。"①毫无疑问，本案的案发地——洞穴，既不是家门之内，更不是朝廷之上，而是介于二者之间的一个场合。所以，本案既不能单纯适用家法族规，也不能简单套用朝章国法。本案发生于两个法域的界缘，必须视当事人的社会角色，定其法域归属。②如前所云，嫌犯陈祥只有"子"的身份、"孝"的义务，而无"臣"的身份、"忠"的义务，所以应以私恩掩盖公义，而非以公义限制私恩。所以我主张：陈祥无罪。

人情可以抗御公权，公权无法消灭人情

对本案的看法，已经陈述完毕。在整个陈词的结尾，我想画蛇添足，探讨一下身为臣民的忠孝冲突问题。

诚如上述，子只有孝的义务，臣才有忠孝冲突。那么问题来了：当一名臣民，脚跨家门内外，身处两大法域的界缘，面临杀人救父的抉择之际，又当如何自处呢？如果直接陈说结论，那么我想引用古典时代一句简单明了的格言："为了父亲，可以暂时割弃君臣关系；不能为了君主，而有片刻割弃父子关

---

① 《礼记·丧服四制》孔颖达疏："门外，谓朝廷之间。既仕公朝，当以公义断绝私恩。"

② 国法与家法的互动，及两者之间的界域，是法律史一个经典命题。例如吕思勉《论学丛稿·驽牛杂谈》描述中国古代法律的实况云："中国之法律，为家族所隔阂，只能施于家族团体之外，不能深入于家族团体之中。"（《吕思勉全集》第11册，上海：上海古籍出版社，2015年，第297页）

系。"①以下，我从原理、制度、经典、史事四方面略加证明。

首先，从原理上讲，父亲在公共政治、私人情感的双重向度上，均占至高无上的地位。将对待父亲的私人情感，移情至母亲，所以母亲也有"至亲"的单一向度；将对待父亲的政治尊敬，转化至君主，所以君主也有"至尊"的单一向度。可是君主无法与父亲比亲，恰如母亲无法与父亲比尊。兼具至尊、至亲双重向度者，唯有父亲。②

其次，从制度上讲，子女为父亲的丧服重于臣民为君主的丧服。众所周知，自古以来，亲属关系的法律判定均以五等丧服制度为准则，这叫"准五服以制罪"。查阅本朝的五服制度，臣民为君主服最重一等的斩衰三年丧，子女也为父亲服最重一等的斩衰三年丧。可见以子女而兼具臣民双重社会角色的自然人，确实具有"忠""孝"不相上下的价值冲突。但是细读制度，即可发现：子为父服的斩衰服，用麻布三升；臣为君服的斩衰服，用麻布三升半。③用布越少，衣服越粗糙，表明服丧者的

---

① 《六德》："为父绝君，不为君绝父。"见《郭店楚墓竹简》，北京：文物出版社，1998年，第188页。

② 《孝经》："资于事父以事母，而爱同；资于事父以事君，而敬同。故母取其爱而君取其敬，兼之者父也。"《正义》引刘炫曰："母，亲至而尊不至，岂则尊之不极也？君，尊至而亲不至，岂则亲之不极也？惟父既亲且尊，故曰兼也。"

③ 《仪礼·丧服》："衰三升，三升有半。"唐贾公彦疏："以父与君尊等，恩情则别，故恩深者三升，恩浅者三升半。"

哀痛程度越重；用布越多，衣服越细密，表明服丧者的哀痛程度越轻。君臣、父子的轻重缓急，就在这半升麻布的细微差别之中。

复次，从经典而言，君臣关系是第二义，父子关系是第一义，当二者不能两全时，应当割断君臣关系，保全父子关系。孟子的弟子曾经提出一个两难的思想实验："假如天子的父亲杀人，法官应当怎么办？"孟子说："当然应该秉公执法，将杀人犯逮捕归案。"弟子追问："天子是否应当动用公权力，阻止法官的追责？"孟子说："当然不可以。"弟子最后问："那么，天子处于这样尴尬的境地，应当怎么办？"孟子回答："他应该抛弃天子的社会角色，褪回生民的身份，扮演好儿子的社会角色，偷偷背着老父亲，逃窜到天涯海角，在那里父慈子孝、尽享天伦之乐。"[1] 由此可见，即便天子本人，当公私不能两全之际，也唯有割舍公权，顾全人情。

最后，从史事而言，君主、父亲孰重孰轻，历史早有定论。古典时代，有位太子曾经设置一个假想的辩题，"如果你的父亲和君主都生了绝症，你手上只有一颗救命丸，请问：救君主，还是救父亲？"现场一百多人议论纷纷，只有一位卓有名望的

---

[1] 《孟子·尽心上》，桃应问曰："舜为天子，皋陶为士，瞽瞍杀人，则如之何？"孟子曰："执之而已矣。""然则舜不禁与？"曰："夫舜恶得而禁之？夫有所受之也。""然则舜如之何？"曰："舜视弃天下，犹弃敝屣也。窃负而逃，遵海滨而处，终身欣然，乐而忘天下。"

学者一声不吭，不屑参与辩论。太子感到奇怪，礼貌询问他的意见。这位学者干脆利落地回答："救父亲。"说罢，绝口不再陈述理由。现场众人包括太子在内，都不敢再逼问。这场辩论就此作罢。①太子设置的这个两难困境，与本案疑犯陈祥的处境非常相似，解答也异常简单，不过就是那不需要赘述理由的三个字："救父亲。"

我诚恳希望，各位侈谈化家为国、移孝作忠一类高深道理时，千万不要忘记最贴近的常识：公权只是可利用的工具，人情才是可感知的状态；用公权消灭人情，是反常识、反伦理的；以人情抗御公权，才是人之常情、事之常理。

---

① 《三国志·邴原传》裴松之注引《原别传》：太子燕会，众宾百数十人，太子建议曰："君父各有笃疾，有药一丸，可救一人，当救君邪，父邪?"众人纷纭，或父或君。时原在坐，不与此论。太子谘之于原，原悖然对曰："父也。"太子亦不复难之。

观点九

孝子扬父之美，不陷亲于不义

太傅孔礼陈词

前面三位先生的陈词，令我陷入深深的疑惑。他们的观点虽然截然相反，可是在以下这一点上均无异辞：本案嫌犯陈祥是个孝子，他杀人救父的行为履行了孝道。双方所争，只不过在孝与命孰轻孰重、忠与孝孰高孰低。他们甚至越说越远，说到了诗歌的理解、麻布的粗细，却始终言不及义，没有一个人触碰问题的核心。所以，请原谅在下截断众流，避开诸位大人热心研讨的细枝末节，质问一个前提性的问题——

陈祥杀人救父的行为，真的能算孝行吗？

为了方便理解，且容在下先讲述一个不相干的故事。在遥远的大更化之前，有一位国君，十分疼爱自己的幼子，一心想要让这位幼子取代长子，成为君位的继承人。那个时代的政治地位继承制度，与今天一样，都是嫡长子继承。国君内心激烈交战：一会儿是理性占上风，放弃了这个不符合制度的邪念；一会儿是私欲占上风，预备悍然违反制度，强行动用公权，废长立幼。可是他在生命的最后时刻，终于还是将君位传给长子，随后便撒手人寰。

有趣的事情来了。这位长子道德崇高。他登基即位的第一天，就昭告全国，"我的父亲是带着遗憾而死的。他生前最大的心愿，就是将此君位传与我的弟弟，可是因为我的存在，未能如愿。现在，我宣布：我要实现父亲的遗愿。我现在暂时替我弟弟代理君主的事务，等弟弟成年之际，立刻将权力的钥匙交到他的手中，作为礼物！"

一眨眼，很多年过去了，弟弟即将成年，国人瞩目的时刻即将到来。就在这时，一个奸邪小人私下揣测这位长子——也就是现任国君的心意，他觉得：任何人一旦尝到权力的滋味，就再也没有撒手的可能，这位高尚的国君也不可能例外。现在这位国君肯定早已后悔，不想退位让贤了；只是苦于即位之初的那番信誓旦旦的豪言壮语，无法反悔。如果有人能给现任国君递一个台阶，将来必能平步青云。

这个奸邪小人打定主意，找到国君，游说："您执政多年的功绩有目共睹，全国民众都拥戴您，请您务必继续连任，不要困于当初的誓言，做出退位让贤的傻事！"国君却笑道："我的心意仍像即位之初一样坚定，没有半分改变。你不必多言。"

奸邪小人见势不妙，立刻找到那个弟弟，挑拨道："我刚才探了你哥哥的口风，他早已反悔，不仅不想让位与你，反而想将你除掉。你必须早做打算！"弟弟惊惧之下，次日怀揣利刃进宫，参加成年典礼。就在这场盛大的宴席之上，国君兄长刚刚取出权力的钥匙，正想挂上弟弟的脖颈，忽然感到胸口一阵刺痛冰凉。他惊讶地发现，弟弟已将一柄匕首捅进了他的心窝。

这当然是一个悲伤的故事。不过在座诸公早已过了伤春悲秋替古人唏嘘的年纪，且让我们来想想：这一场悲剧的罪魁祸首究竟是谁？是首鼠两端、举棋不定的老国君？是拨弄是非的奸邪小人？还是恩将仇报的弟弟？都不是。《穀梁春秋》早已细致入微地剖析出，国君兄长才是最应该被责备的那个人。

老国君生前，心中有两个念头。一个是正念：依照制度，传位嫡长子；一个是邪念：废弃制度，传位幼子。他天人交战，挣扎良久，最终以正念战胜邪念。我们不能责备这位老国君，因为法律不能惩罚动机。废长立幼的动机虽然违法，好在始终停留在动机的层面，始终没有付诸实践，最后被老国君带进了棺材，无法再为害人间。

可是，这位继任的兄长国君却急切地摆出一副孝子的模样。他口口声声要实现父亲的"遗愿"，一意孤行到了根本不顾什么才是父亲的"遗愿"的程度。父亲明明有两个念头，他却对父亲的正念视而不见，全然不顾父亲艰苦挣扎的成果，悍然将父亲藏之心底的邪念公之于众。试问，这何异于剖棺曝尸？这是一个孝子之所行吗？

一个父亲，既非圣人，当然有正念，有邪念。作为孝子，应当隐瞒父亲的邪念，发扬父亲的正念。这位兄长国君无视父亲的正念，发掘父亲的邪念，付诸实施，酿成悲剧性的后果，不仅违法，而且不孝。[①]《春秋》的以上分析，鞭辟入里，发人深省，对本案亦深有启发。

诸位在感慨陈祥的孝心孝行之时，千万不要忘记陈父的意愿。孝道，不是孝子一个人的独角戏，而是子女的孝行与父母的正念相吻合的道德评定。所以，让我们来回忆一下，本案中陈父的所作所为、所思所想。

大家应该还记得，陈祥一开始割股啖亲，将自己大腿上的肉削下，呈给老父亲之时，陈父表示了明确的拒绝。他说："我绝不会吃这块肉。你如果再做这样的事情，我立刻咬舌自尽！"试问：陈父究竟是什么意思？我觉得，这句话可以从两种可能性的维度加以理解。

第一种可能，陈父拒绝吃人肉。因为在他的观念之中，食用人肉是悖逆人伦、伤天害理的行为。如果在这种情况下，陈祥趁父亲昏迷不醒，杀死无辜的第三人，并且将其血肉喂食父亲，这就是违背父命，不孝。

第二种可能，陈父拒绝吃儿子的肉。他的言下之意是："我不能吃你的肉，我想吃他人的肉。"那么，这就是一个典型的

---

① 《春秋榖梁传·隐公元年》："孝子扬父之美，不扬父之恶。先君之欲与桓，非正也，邪也。虽然，既胜其邪心以与隐矣。已探先君之邪志而遂以与桓，则是成父之恶也。"以上案例，即鲁惠公、隐公、桓公的故事。

恶念、邪念。陈祥趁父亲昏迷之际，发掘父亲的邪念，并且付诸实践，这是《穀梁春秋》所谓"成父之恶"，仍属不孝。

《孟子》有一句名言："不孝有三，无后为大。"可是大家往往忘记了前面两种不孝是什么。且让我明确引用其中与本案密切相关的一条："明知父母是错的，却歪曲自己的心意，顺从父母的过错，从而陷父母于不仁不义的道德低地，这是第一种不孝。"[①]本案嫌犯陈祥，要么违背父命，要么成父之恶，均为陷亲于不义，属于典型的不孝行为。陈祥杀人分尸，是为不忠违法；背命陷亲，是为不孝悖德。无论从法律抑或道德评价，均应处以极刑。

---

① 《孟子·离娄上》："不孝有三，无后为大。"东汉赵岐《孟子章句》："于礼，有不孝者三事：阿意曲从，陷亲不义，一也；家贫亲老，不为禄仕，二也；不娶无子，绝先祖祀，三也。三者之中，无后为大。"

观点十

仁义是比忠孝更基础的价值

太学祭酒朱九庠陈词

有比"忠""孝"位阶更高的价值

太傅的陈词别开生面，提示先前的陈词也许步入了一个这样的误区：对嫌犯行为的道德评价未加审视，直接赋予某种诸如"孝"之类的正面评价，而后困于法律评价与道德评价互相背离的两难之中不能自拔。这是集议陷入僵局的根本原因。太傅认为嫌犯的行为即便从道德而言，也是错误的。我完全认同这个判断。不过太傅认为，嫌犯的行为属于不孝。这一点，请恕在下无法苟同，必须做一点深入细致的辨析。

太傅的陈词中，有一句很精彩的话："孝道，不是孝子一个人的独角戏，而是子女的孝行与父母的正念相吻合的道德评定。"他还特别提醒我们，应当关注陈父的想法。可吊诡的是，在太傅后续的分析中，陈父无论抱有何种想法，均丝毫不影响一个孝子应当做出的行为：陈父不想吃人肉，孝子就不应该杀人救父，否则就是违抗父命；陈父想吃人肉，孝子更不应该杀人救父，否则就是陷亲不义。试问：陈父自身想法的价值，究竟体现在哪里呢？太傅理想中的孝行，岂不仍是一场孝子自行其是的独角戏吗？问题究竟出在哪里？

问题在于，太傅引用了一个"孝道"外部的价值标准，衡量"孝行"是否成立。他讲的那个包含政治哲理的故事中，老国君有一个正念、一个邪念。在太傅看来，发扬正念、隐藏邪念就是孝行，发扬邪念、无视正念就是不孝。诸位发现问题了吗？孝与不孝，并不取决于子女对父母的态度，而取决于父母念头的正邪。究其实质而言，取决于子女对父母念头正邪与否的道德评定，与父母本身并无关系。所以太傅虽然扬言孝行的完成必须重视父母的想法，最后却还是变成了孝子一个人的独角戏。

我想说的是，如果甲道德价值，需从外援引乙道德价值为判准，那么甲道德的价值位阶就低于乙道德的价值位阶。这应该是一个很显明的道理。换言之，在评判嫌犯陈祥行为的道德属性时，"孝"这一价值无能为力，必须也只需从外援引更高位阶的价值。我们没有必要在"忠""孝"两个价值之间非此即彼地兜圈子。那么，这一价值是什么呢？让我们继续刚才的分析。

孝与不孝，既然不取决于子女对父母的态度，而取决于子女对父母念头正邪与否的道德评定，那么子女评定父母念头正邪与否的价值标准是什么？太傅引用的"三不孝"的第一条已经点明了答案："明知父母是错的，却歪曲自己的心意，顺从父母的过错，从而陷父母于不仁不义的道德低地，这是第一种不孝。"——毫无疑问，"仁"与"义"就是比孝道更高位阶的价值。

"忠""孝"是程序价值，"仁""义"是实体价值

现在，我将探讨"忠""孝"与"仁""义"的本质区别，进而说明何以后者比前者的价值位阶更高。

"忠""孝"是一种需要对象的道德，通常情况下无法由行为主体独立完成。忠，需忠于君主；孝，需孝于父母。如果一个人没有君主，便无从忠；没有父母，便无从孝。举两个极端的例子加以说明：当今天子，就没有效忠的对象，因为他本人就是君主。据久远的传说，盘古是这世界上第一个人，无父无母，是从混沌中诞生的，他就无法行孝，注定不可能成为孝子。不那么极端地说，按照董大夫的理论，没有成为"臣民"的"天生之民"也没有"忠"的对象。而那些自小被遗弃，不知父母是谁，却侥幸存活下来的弃儿，也没有"孝"的对象。

与臣民对君主的"忠"、子女对父母的"孝"相似的道德，还有妻妾对丈夫的"节"。这三种道德价值，本质都是顺从。顺从君主是为"忠"，顺从父母是为"孝"，顺从丈夫是为

"节"。[1]大更化之前，曾经有人用"君为臣纲、父为子纲、夫为妻纲"的"三纲"概括这三种价值。一张渔网由成千上万根线条构成，其中渔网边沿的大绳就是"纲"；渔夫要把搅成一团的渔网理顺，只要拎起"纲"，整张渔网就会"纲举目张"，井然有序了。"纲"本身并不比其他线条绝对优异，只是所处位置不同罢了。某人处于甲位置，某人处于乙位置，乙位置之人便需顺从甲位置之人。这就是"三纲"的实质。所以"三纲"是一种程序性价值，设定的是乙位置顺从甲位置的规则，并不涉及是非善恶的实体道德判断。

"三纲"这样的程序价值，当然有其意义。比如条件一目了然，运用极其简便，节约了在大量无关紧要却又广泛存在的问题上判明是非对错的成本。民间俗语说："天下只有不孝的儿女，没有不是的父母"，就是在无关紧要的小事上直接运用程序价值，以便秩序的维持、生活的继续，而回避了判断实体价值的是非对错。但是，"三纲"这样的程序价值，局限也是显而易见的。

"三纲"会陷入自身的程序运行错误，进入死循环。

众所周知，前朝太祖皇帝崛起于闾巷，提三尺剑安定天下。当他称帝之时，他的父亲还活着。所以当时的朝臣、儒生

---

① 《礼记·祭统》："备者，百顺之名也，无所不顺者谓之备。言内尽于己，而外顺于道也。忠臣以事其君，孝子以事其亲，其本一也。"这是说"忠""孝"之本是一致的，都是"顺"。

一度为一个问题感到棘手不已：皇帝是父亲的君，君为臣纲；父亲是皇帝的父，父为子纲。两个纲发生竞合，究竟谁顺从谁呢？由于太祖与他的父亲之间并没有实质的冲突，所以这一程序错误并没有引起重视。列国时代，有个无拳无勇的国君想要扳倒朝中的大权臣，便联络了权臣的女婿一起行动。女婿回家将此事透露给妻子。妻子立刻陷于从君、从父、从夫的三重纠结，回娘家问计于母亲。母亲自然偏重自己的丈夫，强词夺理道："天底下可以做丈夫的男人多的是，可是父亲却只有这一个啊！"从而粗暴地打破了这个死循环，让女儿协助权臣杀死女婿、推翻国君。[①]试问：如果此事发生于今日，这个思考力贫弱的妻子，究竟应当顺从君主、父亲还是丈夫呢？亡朝也有一起令人唏嘘的悲剧：有个大臣与儿子某甲密谋，共同推翻残暴的国君；国君得知了这一密谋，却不知道某甲也参与其中，便命某甲回家弑父，以表忠心。陷于程序运行错误的某甲，最终拔剑自刎，以求解脱于死循环。

其实，当一个人陷于程序运行的死循环时，以上做法均非正解。当一个行为主体面临两个"纲"，而这两个"纲"处于尖锐的矛盾之时，这个行为主体就应该判断何者为善、何者为恶，谁的命令更为合理，从而决定自己的去就。问题在于，处

---

① 《左传·桓公十五年》：祭仲专。郑伯患之，使其婿雍纠杀之。将享诸郊，雍姬知之，谓其母曰："父与夫孰亲？"其母曰："人尽夫也，父一而已，胡可比也？"

在甲位置的人是善人抑或恶人、其发号施令是否合理，这是"三纲"自身无法判断的问题。这时就必须从外援引更高位阶的价值作为判准，而这种更高位阶的价值就是以"仁""义"为代表的实体价值。

"仁""义"这类实体价值是自足而不必外求的，不以行为对象的意志为转移的。[①]正如孔子说："做到仁很困难吗？我想要仁，立刻就仁了。"又说："仁不仁，完全取决于行为主体呀。难道还取决于行为对象吗？"[②]这与必须视行为对象的意志而定的"忠""孝"这类程序价值，构成了根本区别。

大更化之前的古人，将仁、义、礼、智、信五种主要实体价值统称为"五常"，以与"三纲"相对应。"常"就是"永恒的道德"的意思，[③]与仅仅标示位置的"纲"形成了鲜明的对比。

综上所述，"忠""孝"属于"三纲"，是程序价值，位阶较低；"仁""义"属于"五常"，是实体价值，位阶较高。此前诸公之所以在"忠""孝"之间非此即彼，鬼打墙一般转不出来，正是因为始终困于程序价值错误冲突的死循环。只要援引更高位阶的实体价值，那么问题便可以迎刃而解。

---

① 唐人韩愈《原道》云："足乎己而无待于外"，与此庶几近似。

② 《论语·述而》："仁远乎哉？我欲仁，斯仁至矣。"《论语·颜渊》："为仁由己。而由人乎哉？"

③ 《汉书·董仲舒传》："夫仁、谊、礼、知、信五常之道，王者所当修饬也。""五常"就是"五常之道"的缩略语，"常"是汉人避汉文帝刘恒讳，改"恒"字而来。所以"常"就是"永恒的道德"之意。

重大冲突，实体价值高于程序价值

程序价值与实体价值的位阶高低，在过往历史上有过反复争论。

一位为亡朝奠定了思想基础的理论家，曾经明目张胆地说："臣民应该顺从君主，子女应该顺从父亲，妻妾应该顺从丈夫。这三种价值，就是亘古不变的永恒道德。"[①]很显然，他在此刻意混淆了程序价值与实体价值的区别，企图确立皇帝的绝对权力。后来，这位理论家悲惨地死于他所推崇的君主权力，他的话茬却被亡朝的政客接过。亡朝的皇帝在一份诏书中说："如今朕已经统一天下。什么是黑，什么是白，都由朕决定。朕是测量万物的尺度。在朕之外，没有尺度可言。"[②]将"君为臣纲"变成绝对的标准，结果就是当一个卑鄙下贱的宦官窃取了亡朝的权柄，在朝堂之上公然牵着一只鹿，说"这是马"时，满朝文武纷纷"顺从"，没有人再敢说一个"不"字——当"君为臣纲"被绝对化之时，臣民就丧失了给君主纠错的可能性，君主犯下的过错也就必将愈演愈烈，要么反噬其身，要么权柄

---

① 《韩非子·忠孝》："臣事君，子事父，妻事夫。三者顺则天下治，三者逆则天下乱，此天下之常道也。"请注意，"三纲"最早可能出自这一法家（而非儒家）文献。

② 《史记·秦始皇本纪》："今皇帝并有天下，别黑白而定一尊。"按：这是丞相李斯语。与之恰成对比的是《吕氏春秋·应同》："君虽尊，以白为黑，臣不能听；父虽亲，以黑为白，子不能从。"

被窃。君主"以黑为白"，其逻辑结果必然是宦官"指鹿为马"。

强极一时的亡朝突然崩塌，令所有人在震撼之余，都回忆起了更加古老的政治格言："值得追随的是道德，而非君主；应当顺从的是仁义，而非父母。这才是最高级别的德行。"①这句格言明确地告诫后人：道德、仁义这类实体价值，位阶高于从君、从父这类程序价值。

对这个结论，我还需要说明两点：

第一，这并不意味着实体价值应该全面取代程序价值。日常生活中，大多数冲突都是鸡毛蒜皮、家长里短的小事。在无伤大雅的小事之上，如果凡事坚持"追随道德而非君主，顺从仁义而非父母"，那么一切行政命令将举步维艰，一切家庭事务将众口纷纭，国与家的秩序将会陷于一团糟。所以"三纲"仍然适于处理大多数无伤大雅的事务。只有本案这样人命关天的重大冲突，才应援引实体价值予以裁断。

第二，这并不意味着严重违背实体价值的程序价值，也有资格称之为"忠"或"孝"。遥远的春秋时代，有一位国君曾经请教孔子："儿子顺从父亲，算是孝了吧？臣民顺从君主，算是忠了吧？"连问三遍，孔子皆以沉默回应。孔子事后向弟子

---

① 《荀子·子道》："入孝出弟，人之小行也；上顺下笃，人之中行也；从道不从君，从义不从父，人之大行也。"值得注意的是，《荀子》后文再度引用"传曰：'从道不从君，从义不从父'"，可见这是一句比《荀子》时代更早的政治格言。

解释："顺从君父，算什么忠孝？搞清楚什么情况下应当顺从君父，这才算真正的忠孝。"[①]"搞清楚什么情况下应当顺从君父"，正是从外援引更高位阶的实体价值，救济程序价值的局限，而非简单将二者置于对立的境地。所以一个能够做到仁义的人，绝不可能不忠孝；一个达到高位阶价值的人，我们不能认为他违反了低位阶价值。[②]换言之，一个违背了高位阶价值的人，我们也不能认为他达成了低位阶的价值。

杀人割尸喂父的行为违反人性

搞清楚了以上基本原理，让我们回到本案。

陈祥究竟是否孝子？他的所作所为是否可算孝行？这些问题都只是隔靴搔痒。问题的症结在于：嫌犯杀死无辜第三者，切割尸体血肉喂食父亲，以此拯救垂危父亲，这一行为是否符合"仁"的标准？

古往今来，"仁"的定义可谓千千万万。不如让我们抛开学说的争议，回到造字的原初。从读音而言，"仁"与"人"同音；从字形而言，"仁"是"二人"，也就是人与人相通的人

---

① 参见《荀子·子道》。
② 《孟子·梁惠王上》："未有仁而遗其亲者也，未有义而后其君者也。"

性以及基于这种通感的人性互相对待的原则。①明白了这一点，我们便可以引据孔、孟二夫子的格言了。

《论语》中谈论"仁"的话语很多，最清楚明白的莫过于下面这句："仁，就是你想要别人怎么对你，你就怎么对别人。"而其反面，就是："如果你不希望别人这样对待你，你就不要这样对待别人。"②《孟子》对"仁"的解释更加清晰："仁"就是恻隐之心，就是看到他人遭难会产生惊惧痛苦的心理，就是不忍心对他人施加恶行的心理。③

试问：嫌犯陈祥如果与受害人杨释易地而处，他愿意被一个"孝子"按在砧板之上，任人鱼肉吗？他举起石头砸向熟睡中受害人的头颅之时，心中有没有一丝痛苦与不忍心呢？如果嫌犯没有这种人之为人的基本感受，而只有"大孝凛然"的"正确立场"，那就说明他早已被礼教异化成了牺牲品；如果嫌犯有这种恻隐、怵惕、不忍人之心，却还是毅然砸了下去，那就只能说明他将"不忍人"的"仁心"强压下去，成了一个不仁

---

① 《礼记·中庸》："仁者，人也。"郑玄注："'人也'，读如'相人偶'之'人'。""相人偶"是在解释"仁"的字形。

② 《论语·雍也》："夫仁者，己欲立而立人，己欲达而达人。"《论语·颜渊》："己所不欲，勿施于人。"按：后者是"恕"的定义。

③ 《孟子·公孙丑上》，"以不忍人之心，行不忍人之政，治天下可运之掌上。所以谓人皆有不忍人之心者，今人乍见孺子将入于井，皆有怵惕恻隐之心"，"无恻隐之心，非人也"，"恻隐之心，仁之端也"。按"怵惕"是惊惧的意思，"恻隐"是痛苦的意思。

的"忍人"。所以我认为：嫌犯陈祥违背高位阶的"仁"之价值，丧失人之所以为人的基本人性，故意杀害无辜第三者，以惊世骇俗的残忍犯罪践行他所谓的孝道，应当依律判处极刑。

最后我想对诸公可能产生的下列疑问，略做预先的解释：以上洋洋洒洒一大篇陈词，却与太傅大人的判决完全一致，意义何在？犯罪现象千变万化，有表面相似而实质截然不同。法律判决同样如此。太傅预备在"孝"的程序价值范围内解决本案，可实际上却暗中援引了外在的高位阶价值，自乱其例，逻辑不能自洽。太傅的逻辑错误在本案中未能显现，但我唯恐他的主张如果得到采纳，在将来的案件中也许会引发灾难性的后果，或陷入价值冲突的死循环。俗语云："失之毫厘，谬以千里。"法理的辨析必须精之又精，法律的裁决必须慎之又慎，将看似相近的裁判背后实际相左的法理剖析得纤毫毕现，[①]正是我不惮辞费，做出如上陈词的原因。

---

① 《晋书·刑法志》，"律有事状相似而罪名相涉者……诸如此类，自非至精不能极其理也"，"用法执诠者幽于未制之中，采其根牙之微，致之于机格之上，称轻重于豪铢，考辈类于参伍，然后乃可以理直刑正"。

观点十一

孝子恻隐惨怛之心，不可以常理绳之

太师陆阳仁陈词

前此诸公高谈阔论，妙语迭出，谈吐之深刻，神采之风雅，简直不像在裁判一起令天下人侧目动容的人命重案，倒像是坐在舒适的扶手椅里探讨一个玄奥的哲学命题。尤其适才祭酒大人的陈词，分析概念到了至纯至粹、精深入微的境界，令人忍不住击节赞叹。只是我有一个小小的疑惑：如果嫌犯在场，是否能够听懂如此深奥的哲理？如果祭酒大人的拟判意见被采纳，嫌犯是否能明白自己为何死得如此抽象？

祭酒质问：嫌犯举起石块准备向受害人的头颅砸下之时，内心有没有一丝怵惕恻隐？我想应该是有的。问题在于，他回头看了一眼濒死的老父，心中更感惊惧痛苦，不得不置自身荣辱生死于度外，落下了手中的石块。

如果世界上的事情，都是仁与不仁、义与不义这样简单的比较，那就用不着法律，只需要祭酒精心提炼的实体价值就能解决一切烦恼了。可是世上不如意事十常八九。嫌犯左手边是熟睡的无辜第三人，右手边是昏迷的垂危老父亲。请祭酒告诉我，左手杀人，右手救父，孰为仁，孰为不仁？

请诸公注意，从太傅、祭酒开始，逐渐偏离了起初的讨论轨道，开始别开生面。前此诸公，都感受到了人情与法律的两难。大家的论调，大多是在"法无可恕"与"情有可矜"之间寻找一个平衡，在"忠于君国"与"孝于父母"之间探索一条边界。即便最以面冷手硬著称、坚持依律处死嫌犯的大司寇，也坦然承认："摘下獬豸冠，我也会像律学家们一样感到良心不安，我也想和太学生们一起示威举幡。"可是太傅却指控嫌犯不孝，祭酒却斥责嫌犯不仁。在二位眼中，嫌犯不仅违法犯罪，而且不仁不孝，堪称自绝于人类的禽兽败类。这真应了少司寇的那句感慨："以理杀人，杀人诛心！"假如我也尝试"杀人诛心"地追究一下二位的动机：你们是否仅仅为了降低判处一个善人以死刑的歉疚感，干脆从道德上彻底否定嫌犯的行为呢？这样一来，你们就可以站在道德的高地，大义凛然处死一个死不足惜的人渣败类了。祭酒竟然还说嫌犯"早已被礼教异化成了牺牲品"。我真不知道被礼教异化成牺牲品的是身处绝境、苦苦求生行孝的嫌犯，还是在绝对安全的庙堂之上高谈阔论、以理杀人的二位大人？

既然祭酒大人说到"仁"，我就接着说。"仁"不是孔丘的语录，不是孟轲的名言，不是"二人"的拆字游戏，更不是祭酒大人深思熟虑、辨析精微的哲学概念。一个人在街角一拐弯，突然目击一个幼儿正咿咿呀呀、跌跌撞撞走向一口水井，下一脚就要踏进深不可测的井口，不由得心中一颤、头皮一紧，不由自主想要冲上前救人。"乍见孺子将入于井"的直观感受，就是仁心；为此采取的第一反应，就是仁行。民谣有云："宽广的道路啊，笔直犹如离弦而去的那支箭镞；正义的法律啊，不能强迫险境之人弯弯绕绕地深思熟虑。"①诸公此前的所有讨论，最大问题就在于弯弯绕绕、深思熟虑。

让我也讲述一个古老的案例，说明这一点。久远的春秋时代，楚国对宋国发动一场围城战争。战事异常激烈残酷，双方都极度疲惫困顿。楚国只剩下七天的粮食，楚王便派一名官员，窥探围城之中的境况，以决定继续进攻抑或撤退。这名官员悄悄爬上城头，向内窥探。戏剧性的一幕发生了：正好宋国也有一位官员爬上城头，向外窥探。两人碰了个对脸。楚官询问："贵国情况如何？"宋官回答："非常糟糕。"楚官追问："糟糕到了什么地步？"宋官凄惨地说："早已绝粮多日，民众与邻居家交换小孩，杀死煮了吃；可是也没有柴火，便将先前死去的人的骨头拆下，当作燃料。"楚官一听，心中不禁大为怜悯悲痛，脱口而出："啊，这么惨啊！"但他定心一想，感到疑惑，又问："战争之中，一方就算困顿艰难，也总是打肿脸充胖子。

---

① 《诗经·小雅·大东》："周道如砥，其直如矢。"《后汉书·郭躬传》引此诗，并阐明其法律意蕴："刑不可以委曲生意。"按：正文所编民谣，是对这两句话的化用，意思并不完全一致。

你为何毫不隐瞒，将实情全部告诉我呢？"宋官说："君子见人之危，就会心生怜悯；小人才会乘人之危，趁火打劫。我看阁下是个君子，所以实言相告。"楚官说："明白了。不瞒阁下，敝国只有七天的军粮了。如果七天之内无法取胜，一定会撤军。你们加油！"说罢，返回军中，将情形全部告诉楚王，并强烈要求退兵。楚王见军事机密已经完全泄露，不得已，只好撤军。①

　　楚官的行为，在座诸公将如何评价呢？从程序价值而言，楚官违背君命，是为不忠。从实体价值而言，楚官无视本国死难将士的牺牲成果，是为不仁；出卖军情，是为不义；以下挟上、自居君子的美名，是为无礼；被宋官一吹捧就泄露情报，是为不智；没有信守为君主刺探情报的承诺，是为无信。无论从哪个角度来看，此人均应背负卖国贼的骂名，罪该万死。可是孔子在撰写《春秋》时，却肯定了其行为。原因何在？

　　一个人在突然目击耳闻极其可悲可怖的人间惨剧时，一定会基于人心的通感，心中惊骇悲痛到失态忘情的地步。在失态忘情的情况下，就不能再以常道、常礼、常法对其提出苛刻的要求。楚官在得知宋国悲惨的情形时，直观感受就是触目惊心、恻隐惨怛，第一反应就是以实情告知对方，继而劝楚王退

---

① 《春秋公羊传·宣公十五年》对此案例有绘声绘色的描述。

兵。[①]孔子深明这一道理，所以没有用平时的常道、常礼、常法要求楚官，而以重大变故之下的人之通性常情，予以宽恕、体谅。[②]这才是真正的自然意义上的"仁"。[③]

本案之中，陈氏父子困处洞穴长达十一天。陈祥眼睁睁看着老父饥寒交迫到了形销骨立、不省人事的状态，而死神却在一分一秒逼近。在医生"三天之内得不到食物必死无疑"的断言之下，陈祥割股啖亲未遂，又熬了一天，眼见父亲已命悬一线。当此千钧一发之际，其触目惊心、恻隐惨怛之情，岂是你我安坐在扶手椅里所能从容想及？在这样失态忘情的情形之下，陈祥根本无法深思熟虑什么程序价值、实体价值，什么忠于国法、孝于父母……他只有一个强烈的念头，那就是拯救眼前这个濒临死亡的至亲之人。这就是"仁"。

本朝的制度典章，无论礼还是律，都以人之通性常情——也就是以"仁"为基础。在此基础上，提炼出可操作的原则、成文的规则，制作成具体的条款，供人遵守。[④]人们往往日用而不知其仁，熟视而无睹其义，只知恪守法律条款本身。这在日常情况下，当然没有问题。可是遇到本案这样的非常案件，

---

① 《春秋繁露·竹林》："夫目惊而体失其容，心惊而事有所忘，人之情也。通于惊之情者，取其一美，不尽其失。"
② 《春秋繁露·竹林》："说《春秋》者，无以平定之常义，疑变故之大，则义几可谕矣。"
③ 《春秋繁露·竹林》："为仁者自然为美。"
④ 《春秋繁露·竹林》："礼者，庶于仁，文质而成体者也。"

如果仍然恪守条款，却丢失了最根本的人性常情，岂非本末倒置？①

我们必须相当程度地向外体会嫌犯所处的绝境险情，向内体认在此绝境险情之下的人之通性常情。如此，便能理解陈祥在此绝境险情之中，基于人之通性常情，无暇深思熟虑，不计法律后果，以杀人救父为第一反应的不得已了。所以我主张，陈祥无罪。

---

① 明人吕坤《呻吟语》卷六《人情》："礼是圣人制底，情不是圣人制底。圣人缘情而生礼，君子见礼而得情。众人以礼视礼，而不知其情，由是礼为天下虚文，而崇真者思弃之矣。"（长沙：岳麓书社，2016年，第288页）

观点十二

法律必须衡量判决后的利弊

刑部尚书吕治平陈词

杀人饲父出于精心预谋，不能以失态忘情开解

我无意于嘲讽太师的主张，可是这确实是已经出现的十一个主张中最怪诞的一个。太师首次尝试代入嫌犯的主观视角，用"濒死垂危""命悬一线""千钧一发""触目惊心""恻隐惨怛""失态忘情""通性常情""绝境险情"等一连串华丽辞藻，力图向我们渲染嫌犯的所作所为，完全是迫不得已、别无选择。

可是，太师拥有如此逼真的代入感、如此强大的共情能力，何不尝试着也代入一下被害人的视角呢？在被害人被砸醒而丧命的一瞬间，他眼中的被告人是不是"狰狞可怖""麻木冷血""眼带血丝""面容扭曲""残忍嗜血"的"恐怖孝子"呢？如果被害人当时未被一击致命，他是不是也会觉得自己正"濒死垂危""命悬一线"？如果被害人也在"绝境险情"之中、"触目惊心"之下"失态忘情"，基于"通性常情"反戈一击，杀

死孝子，这一行为是否也应当得到我们最大限度的体认、体会与体谅，而判处无罪呢？

简而言之，视角不同，"直观感受"与"第一反应"就会因人而异。太师的主张无异于抛弃公共的法律，鼓励众人各行其是。在这种情况下，是谈不上什么"人之通性常情"的。有的只是"那时没有仁，各人任意而行"[①]。这显然与太师的主张是相悖的。

如果太师坚持认为有不以个人意志为转移的"人之通性常情"，也就是公共的"仁"，可以作为判别各人的"直观感受""第一反应"是否合法，那么前此诸公正是在做这一努力，却被太师讥讽为"扶手椅上的哲学讨论"。嫌犯可以基于第一反应做出任何行动，可是法官却必须对案情深入研讨、反复辩论，必须对律条咬文嚼字、精读细品，在法律与案情之间左右为难、苦心弥缝。这应当说是一种常识。太师却以这不能被嫌犯听懂为否定的理由，这一反智立场令我深感遗憾。

进一步而言，太师反复强调嫌犯别无选择，无暇深思熟虑，只能做出第一反应。可是让我们细察案情："杀人饲父"的行为，真的是嫌犯的第一反应吗？嫌犯父子被困洞穴，一直到杀害被害人为止，一共有十二天时间。陈父濒临死亡的原因是饥饿，饥饿是一个长期、缓慢、渐进的过程，绝不像"拐过街角，突

---

① 　此句仿自《圣经·旧约·士师记》："那时没有王，各人任意而行。"

然看到一个幼儿即将踏进井口"那样突然、紧急、迫切。在这十二天中，陈祥的第一反应是挖开洞口，试图离开。至于"杀人饲父"，不知已经是第几反应了。

即便从陈父被诊断"三天之内再不进食必死无疑"算起，陈祥也有充足的考虑时间。他深思熟虑之后，采取的第一反应是"割股啖亲"而非"杀人饲父"。在遭到父亲的强烈抵制之后，又过了一夜、一日，直到次日深夜，陈祥才趁受害人熟睡之际动手杀人。这能算是第一反应吗？如果是第一反应，陈祥为何不在医生下达濒危通知书的那一刻就激情杀人？为何他能隐忍不发，静候夜深人静的最佳作案时机？如果是第一反应，陈祥为何不杀更加老弱、缺乏抵抗力的老医？为何他杀死的偏偏是令他道德负疚感较低的杨释？无论作案时机的隐忍等待，还是作案对象的精心挑选，所有迹象均表明嫌犯"杀人饲父"的行为不是什么触目惊心、失态忘情之下的第一反应，恰恰相反，而是深思熟虑、精心预谋的犯罪行为。

判决的方向取决于判决的后果

太师说嫌犯"无暇深思熟虑"，已经证伪如上，但他说嫌犯"不计法律后果"却是实情。嫌犯不暇自计的法律后果，只好留待审判者来熟计之了。

本案讨论到现在，非但没有眉目，反而治丝益棼，原因就在于诸公仅仅讨论案件本身，而不试思"后果"。只要尝试推想某种判决可能引发的后果，熟计其利弊得失，那么本案的裁判完全可以一言而决。

须知，法律虽然常常将人处死，却从来不是为死人而设，而是为生人而设；法律虽然似乎只与当事人相关，却从来不是为区区几个当事人而设，而是为社会大众而设。[①]如果制止一个弊端却百弊丛生，惩罚一个奸邪却群邪并起，那就必须重新思考判决的合理性。[②]所以一个案件究竟应当怎样裁判，不仅应看法律如何规定、法理如何运用，还应测度如此判决之后，社会公众将做何反应、如何行事。否则，良善的法意反而可能沦为滋生罪恶的温床。

在遥远的春秋时代，鲁国有一个法令："若在境外发现本国公民沦为奴隶者，请将之赎为自由人。所付赎金，本国政府将予以全额补偿。"孔子有一个富裕的学生，在境外将一个鲁籍奴隶赎为自由人。回国之后，政府依法补偿，该学生谢绝。从法律评价，该学生所作所为完全合法；从道德评价，该学生所作所为非常高尚。可是孔子听说之后，却予以严厉的斥责。他

---

① 《韩非子·六反》："明主之法，揆也。治贼，非治所揆也。治所揆也者，是治死人也。刑盗，非治所刑也。治所刑也者，是治胥靡也。"按："揆"应是破灭的意思。《吕氏春秋》："划而类，揆吾家。"《战国策》"揆"作"破"。又《楚辞·天问》："而交吞揆之"，孙诒让："揆，亦灭也。"可证。过去的注家对"揆"的解释都不准确，特此注明。

② 《韩非子·六反》："重一奸之罪而止境内之邪，此所以为治也。"

说:"在境外赎奴隶，在本国领取补偿，这是完全合乎法律与道德的行为。你赎奴隶而不领补偿，人为抬升了道德的标准。在你之后，赎奴隶的人还领不领补偿呢？不领补偿，个人利益受损；领补偿，非但没有美名，还会被人嘲笑道德不够崇高。今后这条法律等于废了，不会再有人去境外赎鲁籍奴隶了!"[①]孔子评价此事的标准，既非法律条文本身，也非道德与法理，而是法律后果。

无独有偶。前朝圣宗时代，有个父亲犯下贪污罪，依法被判处死刑。此人有两个孝子，分别只有十三岁和十一岁。小哥俩来到宫廷门口，高举黄幡，击鼓鸣冤，争相上书，请求代父受刑。该案也曾在朝野上下引发轰动。当时国家提倡"以孝治天下"，"卑亲属代尊亲属受刑"虽然没有得到成文法的支持，却在法律实践中处于依违两可之间。在当年那场盛大激烈的集议中，与会人员分为三派：一派主张拒绝代刑；一派主张同意代刑；还有一派持调和论调，建议将二孝子罚没为奴，将嫌犯减死一等，同时不作为有司法指导意义的判例。第三派的主张合法合理合情，一度甚嚣尘上，几乎为圣宗皇帝所采纳。可是一位尚书提醒道："请陛下试推想这样判决可能引发的法律后

_____

① 《吕氏春秋·先识览·察微》:"鲁国之法，鲁人为臣妾于诸侯，有能赎之者，取金于府。子贡赎鲁人于诸侯，来而让，不取其金。孔子曰：'赐失之矣。夫圣人之举事，可以移风易俗，而教导可施于百姓，非独适己之行也。今鲁国富者寡而贫者多。取其金，则无损于行；不取其金，则不复赎人矣。'"

果。第一，天下的父亲从此有恃无恐，只要多生几个孩子，杀人都不用偿命；第二，天下的子女从此难以做人，只要父母犯罪，就有代刑的道德义务，如果不代刑，必将被人戳脊梁骨。陛下想以此鼓励孝道，可是这一判决恰恰是对'父慈子孝'最大的损害啊！"圣宗皇帝醒悟之后，便严禁二孝子代刑，将嫌犯正法，同时明令废除了代亲受刑的司法惯例。①

　　前此诸公都将法理说得玄之又玄，存乎一心，不可捉摸。可是人心是善是恶，争论了几千年，谁又说得清楚？看到小孩走近井口，人固然有恻隐之心。可是请各位扪心自问，看到邻家比你家富贵荣华，你有没有贪婪之心？看到邻家的小孩比你家的小孩优秀十倍，你有没有嫉妒之心？看到既富贵又优秀的邻家，有朝一日家破人亡，在恻隐同情之余，又有没有一丝阴暗的幸灾乐祸呢？我们不必百般藏匿自己的阴暗心理，或者为之涂抹一层善良的糖衣。人就是这样，既有善端，又有邪欲。在我看来，法理并不是人心善端扩充的结果，而是通过理智的计算，为欲望设置一道不至于大害的界线。②只要人欲还在界线之内，人不必禁欲、绝欲，而能享受人之为人的自由与快乐。

---

① 《晋书·范坚传》："……邵广盗官幔三张，合布三十匹，有司正刑弃市。广二子，宗年十三，云年十一，黄幡挝登闻鼓乞恩，辞求自没为奚官奴，以赎父命。……坚驳之曰：'……此为施一恩于今，而开万怨于后也。'成帝从之，正广死刑。"

② 《荀子·正名》："所受乎天之一欲，制于所受乎心之多计。"

人欲一旦越出界线，就会造成灾难性的后果，必须接受法理的制裁。所以法律必须衡量利弊。这种利弊，不仅是眼前这一个儿子要不要杀死一个陌生人、救活一个父亲的睫下之利弊，而更是普通民众难以想及的长思熟计之利弊。

明乎此，让我们试推本案判决的利弊得失。假如判决嫌犯无罪，天下人将会如何认知这一判决？在遇到与本案相同的情境时，又将基于本案判决做出何种反应？不难想象，假如判决陈祥杀人救父无罪，这将意味着：孝子享有刑事豁免权，孝子是法外之人，孝子可以以孝之名剥夺任意他人的性命，而不受到法律的追究。如果将来又不幸出现与本案相同的困境，一群人被困在洞穴之中，濒临饿死的危险，那么他们必将第一时间排查人群中有无父子，然后将之隔离或直接消灭，以除后患。因为之前的判决已经昭告天下：孝子杀人救父可是合法的呀！这样一来，父子将首先成为众人防范针对的对象，这显然会加剧其中那名老父的不利处境。换言之，判决孝子无罪，本来想要表彰孝道，最终却得到了一个不利于当事人父亲的后果。一时的善良，将会带来永久的残忍；一时的方便之门，将会酝酿出罪恶的渊薮。[①]

假如采取调和的论调，免去嫌犯死刑，而给予某种程度的

---

① 《呻吟语》卷六《人情》："顺一时、便一人，而后天下之大不顺便者因之矣。故圣人不敢恤小便拂大顺，徇一时弊万世。"（长沙：岳麓书社，2016年，第289页）

制裁，在本朝的舆论环境之下，这就无异于公开鼓励杀人救父。任何子女在面对"杀人我就要坐牢"与"不杀人父亲就会死"的选择时，都将被道德绑架，不得不选择杀人。毕竟比起父母的生命来，子女坐牢服刑，实在是太微不足道的事情了。子女如果为了逃避坐牢服刑，而眼睁睁看着父母饿死，必将被后人戳脊梁骨骂。所以调和的论调也是不可行的，甚至危害更大。

　　基于以上对法律后果的预判，我认为：应将嫌犯陈祥明正典刑，既免孝道越过红线成为杀人的利器，亦防孝子遭遇反杀沦为法律的牺牲。

观点十三

充分的假设才能解明一个案件

太常卿公孙白驹陈词

法律只分辨既定的是非，不悬揣未发的利弊

刑部尚书的主张令我感到匪夷所思。他竟然主张判决不系于本案的是非曲直，而取决于判后的利弊得失。我难以想象这种言论竟出自一位熟谙律令的法曹之口。

如果按照刑部尚书的论调，衡量判决后的利弊大小，那么我举双手赞成顾生的主张。他认为："乱世的犯罪，责任主要在国家。法官必须明辨：在一起刑事犯罪中，政府应当分担多少责任，剩下的刑责才能落到可怜的嫌犯身上。"这样一来，各地政府一定会兢兢业业、勤政爱民，以免在一起不相干的刑事诉讼中替被告背锅。从此以后，各地的防灾恤民工作一定会卓有成效，天灾就不会造成如此严重的后果，本案的双方当事人也就不会阴差阳错走进那夺命的洞穴去了。所以从衡量判后利弊出发，应该对嫌犯从轻发落，对当地政府从重追责。

　　再以刑部尚书的论调，衡量一下他的拟判的利弊大小。假如判处嫌犯死刑，今后子女还会杀人救父吗？这个问题很简单，本案嫌犯陈祥早就给出明确的回答。他在自首之后，就说："杀人救父，义无反顾；触法而死，死而无憾。"由此表明，他对自己行为的法律后果有着明确的估计，那就是"触法而死"。可是这一估计，并没有改变他杀人救父的初衷。所以，判处陈祥死刑，对于今后与陈祥同类的潜在嫌犯而言，并没有什么影响。原因很简单，陈祥是一名真正的孝子。他杀人的原因是"义无反顾"，至于是否"触法而死"，根本在所不计。

　　所以，刑部尚书的拟判，只会震慑大量"假孝子"。他们绝不会冒着自己被判死刑的风险，去拯救濒死的父母。今后再发生类似案件，一群人被困在洞穴之中，也许不会发生"众人针对防范父子"的情形，但取而代之的将是另一种更为恐怖的情形：众人静静等待最老弱者的死去，然后分尸而食。本案中，杨释曾经询问孙医食用尸体是否违法、是否能果腹，就是显明的证据。

　　好了，尚书大人的拟判，指向的几种情形已经非常明确了。假如本案判处嫌犯死刑，那么有一群人被困洞穴，他们必将首先判断身边有没有父子。如果有，继续判断其子是不是孝子。如果是，众人推测孝子将不顾法律后果杀死他人供父食用，于是进行针对性的预先防范。这将出现情形（1）孝子武力较强，成功杀人救父，尚书的拟判无效；情形（2）孝子武力较弱，杀人救父未遂，被众人正当防卫杀死，其父因老弱先亡，父子均被食尸。尚书的拟判引发灾难性后果。如果众人判断其子不是孝子，则将引发情形（3）众人共同等待其父因老弱先亡，而后食尸。在这种情形下，尚书的拟判不仅不利于其父的生命健康，且令其子背上不仁不孝的禽兽骂名。依照尚书的拟判，无论走向何种情形，引发的弊端均远远大于相反的判决。

为什么精心推度的判决，竟可能导向如此吊诡的结局？原因很简单：利弊系于情势，而人之情伪、势之走向，往往机缘凑泊，不可理喻。如果一桩案件的判决，不基于确凿之证据、征实之法律，却建基于人类以有限理性对未然之利弊、百变之情势的预判，那么法学就无异于一门玄学了。这才是尚书大人所抨击的"玄之又玄，存乎一心，不可捉摸"。

再进一步而言，尚书所谓利弊大小，即便清晰可见，也不应当据以转移眼下的判决。在本朝明宗时代，曾有一个官员犯法，拟判死刑。该官员的两个儿子将自己悬吊于城门之上，以刀拟绳，声称："父亲正法之日，便是我兄弟自坠之时。"杀此犯，则父子三人俱死；释此犯，则父子三人俱生。如果衡量判决之后的利弊大小，孰得孰失？审理此案的法官道："我心犹如天平，只会权衡犯罪的轻重，决不为无关人等而摆动。"[1]最终毅然处死该犯，缒城的兄弟二人也割断绳索，自坠而死。

---

[1] 《太平御览》卷三七六引诸葛亮书："吾心如秤，不能为人作轻重。"

可能自坠而死的兄弟俩，在尚书大人看来不过是小小弊端。那么假设有三千人悬吊于城、要挟法官呢？如果邻国王子在本朝犯死罪被押赴刑场，而邻国数十万大军压境要求释放，否则就兵戎相见、生灵涂炭呢？在此情势之下，尚书大人作为司法官，是否就手软了呢？这样的法律，是不是有点欺软怕硬呢？这显然违背了那句古老的法律格言："称职的法官，只分辨既定的是非，决不悬揣未发的利害。"①

再举一个相反的镜像假设。一个无辜者被押赴刑场，掌握一切的造化之神说："请杀死他吧，不然我就毁灭整个天下。"在此情势之下，尚书大人作为司法官，是否会悬揣未来的利弊，硬下心来杀死这个无辜的人呢？这显然违背了另一句古老的政治教诲："没什么能补偿杀害一个无辜的代价，哪怕你送给我或毁灭这整个天下！"②

事后的利弊，不应当左右当下的裁判。曾经有个得势的小人，乘坐国君的车马打猎。车夫遵照交通法规、正常驾驶，小人一无所获，空手而归；车夫胡乱驾驶、乱开乱闯，小人竟然侥幸射了一堆猎物，满载而归。③试问：这位车夫以后应该胡

---

① 元人谢枋得《与李养吾书》："大丈夫行事，论是非不论利害。"（〔明〕黄宗羲原著，全祖望补修：《宋元学案》，北京：中华书局，1986年，第2847页）
② 《孟子·公孙丑上》："行一不义，杀一不辜，而得天下，皆不为也。"
③ 《孟子·滕文公上》："吾为之范我驰驱，终日不获一；为之诡遇，一朝而获十。"

乱驾驶、乱开乱闯呢，还是继续遵照交通法规、正常驾驶呢？即便衡量利益，尚书大人有没有想过，违反交通法规带来的一时收益，远远不足以抵偿破坏交通法规造成的长远弊害？所以先人曾经教训道："请收敛你的善心，请杜绝你的恶性，请沿着法律的大道不懈地前进。"① 请尚书大人收起旁逸斜出的善恶之心、利弊之衡，让我们回到法律的正轨上来探讨案情。

假设可以解明实发的刑案

究其根本，司法判决处理的是法律条文与法律事实之间的关系。无论法律条文还是法律事实，都必须处于既定、稳定的状态，才可以进行二者之间的匹配。如果将事后的利弊纳入法律事实的范围，那么法律事实将永远处于变动不居的待定状态。二者之间的匹配工作，也就永远没有成功之日了。② 所以，我们不应当以遥远的、变动的未来反推当下——恰恰相反，只有从切近的、确实的当下出发，才能为未来打下一根牢固的地

---

① 《尚书·洪范》："无有作好，遵王之道；无有作恶，遵王之路。"
② 《公孙龙子·名实论》："其名正，则唯乎其彼此焉。谓彼而彼不唯乎彼，则彼谓不行；谓此而此不唯乎此，则此谓不行。其以当不当也，不当而当，乱也。"按：名家的"名"可以指法律条文，"实"可以指法律事实。这里的"彼谓""此谓"都是"名"，"彼""此"都是"实"。这段话说的是：如果"实"越出了"实"的范围（处于待定状态），那么"名"就丧失了与"实"相互匹配（当）的功效，也就会引发混乱。

桩。恰如在算学领域，只有弄清楚眼下的这个"一"，才能推一及十，推百及万，以至于无穷。[①]而我们眼下的"一"，就是本案。所以，且让我们忽略遥远未来的十、百、千、万，姑且来专心致志搞清楚这个"一"吧！

诸公可能注意到了，我在刚才的驳论中，使用了大量的"假如"。这些假设的情形不是为了让本就复杂的案情变得更加繁难。恰恰相反，这些仅仅存在于假想之中的拟设，将帮助我们更好理解实际发生的案件。[②]如果假设的情形显然应判无罪，而本案比假设更轻，那么本案也应判无罪；如果假设的情形显然应处死刑，而本案比假设更重，那么本案也应处死刑。[③]如果本案情形正好处于两种假设的轻重之间，那么其判决也应介于二者之间。探讨繁复的虚拟名相，是为了辨析精深的法学理论，从而论定复杂的实存案件。[④]无论战国时代的逻辑学家，还是魏晋的法官，都很擅长运用这种高度抽象思辨的方式，探

---

① 《尹文子》："凡数，十百千万亿，亿万千百十，皆起于'一'。推至亿亿，无差矣。"

② 《墨子·小取》："夫辩者，将以明是非之分，审治乱之纪，明同异之处，察名实之理，处利害，决嫌疑。焉摹略万物之然，论求群言之比。以名举实，以辞抒意，以说出故。以类取，以类予。"

③ 《唐律疏议》第50条："诸断罪而无正条，其应出罪者，则举重以明轻；其应入罪者，则举轻以明重。"

④ 〔曹魏〕王弼《老子指略》："夫不能辨名，则不可与言理；不能定名，则不可与论实也。"（载楼宇烈《老子道德经注校释》，北京：中华书局，2008年，第199页）

讨复杂的刑事案件。鄙人忝居太常卿一职，正好掌握这种古老的法律技艺。[1]下面便尝试将案件进行抽象，并设置若干假设的提问，为诸位启思发想。

为便利后续的讨论与假设，将陈氏父子分称甲父、甲子，杨氏兄弟分称乙兄、乙弟，医士孙佗简称丙。[2]以下首先讨论甲子杀乙兄的正当性，即在天理、人情上有何种强度的正当依据，足以超越国法的正条；其次讨论甲子杀乙兄的紧迫性，即在情势上有何种强度的迫切性，足以阻却违法的责任。

甲子杀乙兄不具有正当性

第一，甲子杀乙兄的正当性假设。

首先明确一个前提：孝子救父，是否足以构成杀任何人的正当性依据？我想即便再激烈的孝子无罪论者，也不得不给出否定的回答。往极端了说，在本案这样的情形下，孝子决不能杀祖救父、杀母救父。所以，本案需要探讨的不是"孝子为救父而杀人是否违法"，而是"孝子为救父，可以杀谁"。如果谁都不能杀，那么显然孝子为救父而杀任何人均无正当性。换言

---

① 《汉书·艺文志》："名家者流，盖出于礼官。"按：太常即秦汉以降的礼官。
② 《晋书·礼志》："中书令张华造甲乙之问曰：'甲娶乙为妻，后又娶丙，匿不说有乙，居家如二嫡，无有贵贱之差。乙亡，丙之子当何服？'"这是魏晋人假设甲乙以探讨案情的实例。

之，孝子不能杀人救父。

本案嫌犯对此也有清醒的认识。当时他有两个杀人选择：一、被害人乙兄；二、老医丙。他选择杀死乙兄，而非丙，并非随机偶然，而有着基于种种复杂的情感考量。这种情感考量，应当排除加害难度。因为就加害难度而言，杀死六十一岁的丙，应当是更优选择。但是甲子选择杀死二十八岁的乙兄，说明他已经认识到：杀丙虽然比杀乙兄更容易，但也更缺乏道德的正当性。下一步需要考察的，就是杀乙兄的道德正当性何在以及此种正当性是否足以阻却违法性。

相比杀丙，杀乙兄的正当性有三点：一、甲父子曾对饥饿的乙兄弟施以援手，杀乙兄有索还恩报的正当性；二、甲父濒危时，丙曾协助诊断，而乙兄不仅袖手旁观，且咨询可否"吃死人肉"，表现出一定的恶性，杀乙兄有报复恶言的正当性；三、乙兄年龄比丙青壮，杀丙有残杀老弱的不正当性，杀乙兄则不具有此种不正当性。除了以上三点，我想不到乙兄与丙还有什么本质区别。如果这三点都不支持甲子杀乙兄的正当性，那么甲子杀乙兄与杀丙无异。其中第三点，只是规避一种不正当性，不足以赋予杀人行为以正当性，可以作为干扰项排除。接下来，我们应当讨论：一、甲父子对乙兄的恩，是否足以要求乙兄以命相报；二、乙兄对甲父的恶言，是否足以要求乙兄以命相偿。

首先，甲父子对乙兄的恩，不足以要求乙兄以命相报。"恩报"是一种最基本的情感。虽然民间有"受人滴水之恩，应当涌泉相报"之类格言，但"恩报大体持平"应当是处理此类问题的第一项基本原则。如果吃人一口饭，就要还人一条命，我想世界上就没有乞丐了。由此推导出第二项基本原则："索报，应在受恩者的预见范围之内。"换言之，如果甲父子施予救援时，向乙兄弟明确责任："今后我们若濒临饿死，你们有舍身以饲的义务。"我想乙兄弟是不可能接受施恩的。再举一个判例，令这个道理更加明晰。曾有甲乙二人逃难共行，途中遇丙。丙乞求与之共同逃难，乙不允，甲允之，于是一起逃难。行至中途，情状更加危急，甲决定抛弃丙，使之坠入死地。乙说："我一开始不同意带上丙，就是预见到无力携之一起脱险。但现在既然已经同行，就应当患难与共，没有抛弃的道理。"①甲不允，仍以强力抛弃丙，丙遂遇难。后来的法官判决甲有罪。甲乙施恩于丙，则中途抛弃丙尚且不可，何况杀之乎？

其次，乙兄对甲父的恶言，不足以被要求以命相偿。"恩报"应大体持平，"怨报"自然也不例外。孔子说："以怨报怨。"②

---

① 《三国志·华歆传》注引华峤《谱叙》：避西京之乱，与同志郑泰等六七人，间步出武关。道遇一丈夫独行，愿得俱。皆哀许之。歆独曰："不可。今已在危险之中，祸福患害，义犹一也。无故受人，不知其义。既以受之，若有进退，可中弃乎！"众不忍，卒与俱行。此丈夫中道堕井，皆欲弃之。歆曰："已与俱矣，弃之不义。"相率共还出之，而后别去。按：后文的事态发展与判决，是笔者虚构。
② 《礼记·表记》："以德报德，则民有所劝；以怨报怨，则民有所惩。"按："以怨报怨"与《论语》所谓"以直报怨"意思是相同的。

俗谚云："以牙还牙，以眼还眼。"都是此义。受人一句恶言，夺人一条性命，显然过当。

综合以上：一、孝子救父，不构成杀任意人的正当理由；二、甲父子的施恩、乙兄的恶言，均不构成甲子杀乙兄的正当理由。以下再做一个假设：假如甲子克制，未杀乙兄，甲父饿死。乙兄想要食用甲父尸体以充饥活命，甲子不允。乙兄坚持，被甲子殴杀。试问甲子是否有罪？在这个假设案例中，乙兄恶性更大（已将恶言落实为恶行），甲子正当性更强（非主动出击，而是被动防御）。可是本朝《律》第三百三十五条规定："如果祖父母、父母被人殴打伤害，子孙还击，未造成加害者肢体折伤的，无罪；造成加害者肢体折伤的，减普通斗殴折伤三等处罚；造成加害者死亡的，依照法律处罚。"[1]活着的父母遭人殴打，子孙尚且没有将加害者杀死的权利；举重以明轻，父母遗体遭人破坏，子孙便更没有杀死加害者的权利了。为了救父母，主动出击杀死无辜者，并且肢解其尸体的行为，更是法律所不容的，显然缺乏正当性而有罪。

解明以上问题后，与之相附随的两个假设问题就迎刃而解了。第一，假如甲子杀乙兄时，乙兄惊醒，进行正当防卫，杀死甲子。请问：乙兄是否有罪？第二，假如甲子杀乙兄时，被

---

[1] 《唐律疏议·斗讼》第335条："诸祖父母、父母为人所殴击，子孙即殴击之，非折伤者，勿论；折伤者，减凡斗折伤三等；至死者，依常律。"

丙察觉，丙击杀甲子。请问：丙是否有罪？如果甲子为救父而杀死乙兄，无罪；那么这两个问题将成为非常棘手的法律难题。既然以上已经证明甲子杀乙兄不具有正当性，那么对甲子的不法加害行为之反抗，便因具有正当性而无罪。

甲子杀乙兄不具有紧迫性

第二，甲子杀乙兄的紧迫性假设。

这个假设，是为了探讨甲子除了杀乙兄，还有没有其他更优的替代方案。如果有，那就足以证明甲子杀乙兄不具有紧迫性。我想，在当时的情况下，替代方案至少有两个：一、伤人救父。甲子完全可以打晕乙兄，将之捆绑控制，而后削肉喂食甲父。这样的话，也许乙兄损失的就只是一条手，而非一条命；甲子也只是伤人救父，而非杀人救父。二、自残救父。甲父在神志清醒时曾明确拒绝食用甲子的血肉，但此后长期处于昏迷状态，并在昏迷状态下食用了乙兄的血肉而存活下来。换言之，他并不知道自己食用的究竟是谁的血肉。此时甲子完全可以继续自残，割股啖亲。这样做的实际效果，与杀死乙兄饲父，并没有区别。在有两个损害较小的替代性方案的前提下，甲子杀乙兄以救父，显然紧迫性不足，依然有罪。

综合以上严密的推理，我认为嫌犯陈祥杀人救父违反律条，且缺乏阻却违法的正当性与紧迫性，应当依法判决。

吃人的道德，是法文化的畸儿

太史庄耳陈词

我无意逐一反驳太常卿那些显而易见的逻辑漏洞。包括但不限于："父母遭人殴打，子女没有无限防卫权"并不能举重以明轻地推导出"父母的尸体遭人肢解、食用，子女没有无限防卫权"，因为在本朝法律之中，肢解尸体是重罪，判刑远过于普通的殴打他人；①将人打晕后逐日割肉救父，无异于凌迟，远比杀人更为残忍，不足以成为替代方案；趁父昏迷时继续割自己的肉喂食父亲，必须冒着父亲清醒后兑行诺言、咬舌自尽的巨大风险……

我只想说：前面十三位同僚的发言，精致得令人作呕。他们居然可以用那么严肃的法理与学理，精确地探讨怎样杀人伤人才不会触犯法条，怎样食人食尸才符合道德。

---

① 《唐律疏议·贼盗》第266条："诸残害死尸（注：谓焚烧、支解之类），及弃尸水中者，各减斗杀罪一等。"

今天发生这样的案件，我却没有感到丝毫的惊讶。早在大更化之前的春秋战国时代，就有一位智者满怀忧患地预言了这起人吃人的案件。他说："尧舜的时代种下的恶因，必将令一千世之后的人们自食苦果；尧舜的时代开始提倡孝道，一千世之后一定会有人打着孝道的幌子吃人。"① 三十年是为一世，千世就是三万年。今日距离尧舜时代还不到一万年，果然就已经发生这样的案件。如果再不改弦易辙，任由这套忠孝的法律继续滚雪球般发展下去，恐怕智者的恐怖预言将会不幸而言中，这片国土将沦为忠臣孝子公然杀人食尸的地狱！

秉承尧舜孔孟之道的法律，是滋生孝子杀人犯罪的温床。吃人的道德，是畸形法文化的产儿。如今诸公却俨然以父亲的身份，或亲亲相隐，或大义灭亲。其实今日与会高谈的衮衮诸公，与当日杀人食尸的孝子嫌犯，根本就是一丘之貉。这一事实，根本不是诸位判孝子有罪抑或无罪所能改变的。本人拒绝再为这样的法律为虎作伥，因此放弃拟判的权力，退出这次集议。

---

① 《庄子·庚桑楚》："大乱之本，必生于尧舜之间，其末存乎千世之后。千世之后，其必有人与人相食者也！"

最终判决

由于集议的与会者意见不一，且各种观点的论证针锋相对，宰相按照惯例将集议的书面记录提交给皇帝，作为最终裁判的重要依据。在这份书面记录中，发表观点的与议者有十四人，其中二人放弃做出明确的裁断，四人支持无罪，八人不同程度地支持有罪。一天之后，皇帝以制诏的形式做出终审判决："制诏御史：陈祥杀人救父，于法为逆，于情可悯。朕重违民意，特下群臣大议。然与议诸臣各执一理，相持难下。《传》不云乎：'善均从众。'《书》亦有之：'三人占，则从二人之言。'依律当陈祥为谋杀已杀。死罪当诛，孝心可伤，其减斩刑，赐使自裁。"

根据这一裁定，刑罚将在本元三年三月五日执行。届时，死刑执行官将奉命监督嫌犯在一处秘密地点自尽。

外一篇

华朝法律往事

　　这篇文章是一则相当长的寓言。这则寓言涉及一个名为"华朝"的王朝，也许就是"洞穴公案"发生的那个朝代。不过这个寓言的叙事，要比"洞穴公案"宏观得多，当然也就无趣得多。①

第一个君主：太祖朝的法律往事

　　华朝的第一个君主是太祖。和大更化前后大多数王朝的开国之君一样，太祖通过武力征服夺取了天下。他凭借最为强大

---

① 1961年，哈特《法律的概念》假设了一个雷克斯国王的简单法律世界；1964年，富勒《法律的道德性》利用这一现成的假设，讨论了"造法失败的八种形式"及著名的"法律的内在道德"。参见［英］H.L.A.哈特《法律的概念》（第二版），许家馨、李冠宜译，北京：法律出版社，2006年，第50—57页；［美］富勒《法律的道德性》，郑戈译，北京：商务印书馆，2005年，第40—46页。本篇即对雷克斯故事的模仿。

的武力，在诸多逐鹿的竞争者中脱颖而出，成为那场持续数年的大混战的最终胜利者。

太祖刚刚消灭上一个政权——亡朝，就颁布了一项大快人心的政策：宣布废止亡朝的一切法律。王朝草创后，太祖仍忙于东征西讨，忙于剿灭亡朝的残余势力，镇压野心勃勃的叛乱者，一直没有充裕的闲暇制定颁布一部新的法典。

不过，太祖并不觉得没有法典有什么不便，这也不意味着太祖朝就没有法律。太祖通过一个又一个命令，娴熟流畅地下达最高指示。没有官僚进行任何质疑：为什么我们要遵守你的指令。因为这些官僚大多是追随太祖的军官们，刚刚脱下戎装、换上官服转变而来的。虽然身份发生了从马上到马下的显著切换，但这些军官早已习惯听从昔日的军事领袖、今天的开国君主的命令，不管这是军事指令还是政治指令。

当然也有部分官民感到不太适应。其中一些是华朝肇建之后，太祖慕名礼聘的社会贤达。他们从来没有参与过原来夺取天下的那个军事集团，所以很不习惯那种军队作风、不容置辩的指令形式。还有更多的则是亡朝的遗民，他们以军事上的失败者、被征服者的身份，服从太祖的指令。这些因素并不影响君主指令的上传下达。强大的武力足以掩盖一切小小的不和谐。

总而言之，太祖朝的法律渊源就是君主的指令。君臣之间服从与被服从的关系，是从原军事集团的上下级关系脱胎而来。太祖朝的权力结构与法律渊源模型非常简单，可以表示如下（见图一）。

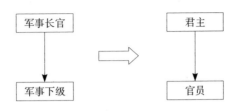

图一　太祖朝权力结构与法律渊源模型

第二个君主：太宗朝的法律往事

　　戎马一生的太祖驾崩，他的嫡长子成为年轻的新一任君主，史称太宗。太宗的权力来源，与太祖迥然有别。

　　太祖原本就是开国军事集团的领袖，他指使群臣犹如指挥部下。但太宗从来没有参与过建国战争。建国战争如火如荼进行之时，他还在穿开裆裤呢。如今太宗君临天下，虽然他是太祖唯一指定的继承人，群臣并没有表现出明面的不服从，但他仍然不得不乞灵于父亲的权威，以增强自己的合法性。

　　太宗的登基诏书由三部分构成：第一部分，回顾了太祖征服四方、统一天下的赫赫功业；第二部分，表示自己虽然德行亏欠、能力不足，但由于群臣的一致拥戴、基于嫡长子继承制，只得继承太祖遗留的政治遗产，并战战兢兢奉行君主的职责；第三部分，承诺太祖时代的一切法令继续有效。

　　请注意，太宗成为君主，并不是像太祖那样，由军事上的服从与被服从关系，直接转换为政治上的服从与被服从关系；而是通过家产继承，完成了政治权力的平和交接。换言之，太宗引入了军事层级之外的民事继承制度，论证自身权力的合法性来源。而"嫡长子继承制"这种民事继承制度，数千年来通行于民间，所以能作为政治权力交接的依据，获得群臣的默认。

君主引入一项新的权力合法性来源，其权力也就必须受到此种合法性来源的制约，这是不言自明的道理。既然太宗通过父子血缘关系获得了新的权力，那么他就有义务对已经死亡的太祖持续表达忠实的孝道。

就像大部分儿子都会对父亲心存逆反，太宗皇帝对太祖时代的一些政策也颇有微词，同时对开国元老们的大权在握、处处掣肘心存不满。可是民间对孝道的一种重要理解就是："父亲去世后的三年之内，孝子有义务保留父亲在世时的一切惯例。"[①]所以太宗仍然不得不承认一切既存现状，并且通过盟誓的形式宣告开国元老及其子孙的一切特权继续有效，以实际利益换取政治支持。

开国元老们自然洞悉了这一政治奥秘。他们开始有意识地强化太祖的权威，美化太祖时代的政治举措。尽管太祖只是一介武夫，可是他发布的种种优容臣下的指令，都被认为具有高妙的法意、深远的用意。事情的另一方面则是：太祖曾经用以

---

① 《论语·学而》："父在观其志，父没观其行。三年无改于父之道，可谓孝矣。"

强化皇权、打压部下的许多举措，尽管被元老们选择性遗忘，却被太宗皇帝反复提起，强化为国家政治生活中最深刻的记忆。

在太宗皇帝与开国元老的互动博弈之中，一项名为"祖宗之法"的法律渊源渐趋成型。[①]在太宗朝乃至后来的政治法律实践中，这些"祖宗之法"至少包括：

非宗室不得封王，非有功不得封侯。[②]这是建国之初，太祖剪除了权力过大的异姓诸侯王后，与元老功臣们共同立下的誓言。何谓"有功"，解释余地很大，最初仅指"军功"，后来被扩大解释为许多其他君主及其统治集团认可的行为；但何谓"宗室"，这是非常明晰的。所以这项誓言被太宗及其继任者反复提及，用以限制军功阶层的政治待遇上限。

开国元老的政治待遇世代不绝，与本朝相始终。[③]这是太祖朝初封功臣时的誓言。太宗即位时，为了换取功臣元老的政治支持，又重申过一次。不过这条祖宗之法仅在建国初年起过作用。随着功臣集团人才的萎缩，本朝的统治基础发生了悄然变更，这一项誓言也就名存实亡了。

臣民在君主面前发表的错误言论不受法律追究。这是太祖

---

① 参见邓小南《祖宗之法：北宋前期政治述略》，北京：生活·读书·新知三联书店，2014年。

② 《史记·汉兴以来诸侯王年表》："高祖末年，非刘氏而王者，若无功上所不置而侯者，天下共诛之。"

③ 《史记·高祖功臣侯者年表》："封爵之誓曰：'使河如带，泰山若厉，国以永宁，爰及苗裔。'"

时代为了显示优容的胸怀，多次做过的表述。功臣元老们忽略了太祖也曾有睚眦必报、因言降罪的残酷一面，而不断塑造、强化其包容开放的一面，将太祖即兴的言论奉为圭臬，打造成一条祖宗之法。虽然本朝的统治基础后来从军功阶层转换为了士人，但这条祖宗之法仍然得到热烈拥护与维持，其表述逐渐走形为"本朝不杀士大夫"，甚至出现了太祖时代曾经将之刻石立碑、藏之太庙的传说。①

此外还有一些关于宦官、外戚权力边界的规则，不烦赘述。由于祖宗之法不是白纸黑字的明文规定，也不是普遍适用的一般规则，实质上只是对统治集团高层内部的某种权力约束，所以其内容也屡屡随着统治势力的消长而变动不居。②

还要说明的是，随着世代的更迭，先王先帝们的成旨越堆积越多，互相矛盾的意旨、庞杂混乱的文件，往往令官僚们无所适从。何况其中有些前任君主是被政变推翻的，他们制定的规则自然不可能得到现任君主的认可。君臣之间逐渐形成了这

---

① 署称陆游撰《避暑漫抄》引《秘史》："艺祖受命之三年，密镌一碑，立于太庙寝殿之夹室，谓之誓碑。……誓词三行，一云：'柴氏子孙有罪不得加刑……'一云：'不得杀士大夫及上书言事人。'一云：'子孙有渝此誓者，天必殛之。'"参见刘浦江《祖宗之法：再论宋太祖誓约及誓碑》，《文史》2010年第3期。
② 程树德《中国法系论》的"中国法系之宪法"详列了自汉至清的"宪法"，其实多为祖宗之法。参见程树德《国故谈苑》下册，北京：商务印书馆，1940年，第289—294页。

样的默契：只有有建国之功者，才有资格称"祖"；只有有治国之德者，才有资格称"宗"。[①]所以，君主死亡之后，后继的君主总要组织群臣召开一次先帝荣誉称号的评定会议。普通的君主死后只能短暂享有独立的庙宇，经过七代之后就只能在太庙保留一个牌位。而享有"祖"与"宗"荣誉称号的君主，可以永远享有独立的庙宇。"祖"与"宗"的法度，才有资格成为"祖宗之法"。从本朝的最终实践来看，"祖宗"荣誉称号享有者只有君主总数的四分之一左右。[②]

相比太祖朝以君主指令为唯一的法律渊源，太宗朝增添了祖宗之法。国家权力结构引入了继承规则，过去的军事集团式样发生改变，从而具有了"家"的外观。这一权力结构与法律渊源模型，可以图示如下。

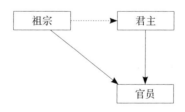

图二　太宗朝权力结构与法律渊源模型

---

① 贾谊《新书·数宁》："祖有功，宗有德。始取天下为功，始治天下为德。"《孔子家语·庙制》："古者祖有功而宗有德。谓之祖宗者，其庙皆不毁。"
② 西汉去古未远，执行"祖宗"庙号制度较为严格，此处即以之为据。西汉君主共计十五人(含前后少帝、刘贺，不含孺子婴)，被东汉确认有庙号者四人：太祖汉高祖、太宗汉文帝、世宗汉武帝、中宗汉宣帝。

第三个君主：宪宗朝的法律往事

太宗去世后，按照既定的继承规则，其嫡长子登基即位。因为他后来的立法事业，所以史称宪宗。[①]

宪宗头上已经有两位"祖宗"，这令他和许多务实的官僚均感到不便。官僚们每办理一件事务，都需要寻找到不同年份的祖宗诏书作为行政依据。不仅新人需要漫长的熟悉期，老官僚们也颇感烦琐。至于宪宗本人，也并不希望官员们对翻阅祖宗之法表现出过度的兴趣。这不仅羁绊了王朝前进的步伐，也会束缚住君主意欲大有作为的手脚。遴选出祖宗之法的现行有效部分，成为朝野上下的共同期盼。在此背景下，宪宗任命宰相领衔的立法班子着手制定律典，并在数年之后正式颁行。

律典的第一个作用，是切断了一般臣民与祖宗之法的联系。法官法吏不必再在卷帙浩繁的前朝成法之中劳心费神，而只需要翻阅手头的这本法律一本通了。如此一来，现行有效的祖宗之法渐趋凝固，剩余的部分也就被默认过时作废。现任君主不再受父祖两代历史包袱的掣肘，权威得以加强。

律典的第二个作用，是对现任君主产生了意想不到的制约。由于律典条文简明、文字确凿，所以君主如果违律，天下

---

① 《大金集礼》卷三："创制垂法曰宪。"转引自汪受宽《谥法研究》，上海：上海古籍出版社，1995年，第383页。

人都会耳闻目睹。宪宗一度对此很不适应，曾经打算对某些特定的刑事犯罪嫌疑人在律外加刑。可是司法官却说："律典是君主与天下的公共契约。君主违约在先，那天下人就没有必要守约在后了。"[①]宪宗不得不忍气吞声，收回成命。

律典与君主指令的法律效力孰高孰低？这是一个有趣的新问题。本朝的法律实践在这个问题上呈现出相当程度的纠结。文书制度也许是一个巧妙的观察视角。按照本朝的文书制度，律典用三尺长的竹简为书写材料，而君主诏书则写在一尺一寸的竹简上。似乎律典比君主诏书具有更正式的效力。

不过，律典与祖宗之法不同，并没有高于现任君主的权威。律典只是君主委托宰相制定的一部法律，其效力平于或低于君主本人。换言之，君主不可能违律，只可能破律。在本朝后来的法律实践中，当然有不少君主像宪宗一样，接受司法官的劝谏，认可律典的权威；可是以诏敕破律者，也绝不在少数。当现任君主的指令与律典这两大法律渊源相左时，考验法官们的时候就到了。有的法官持守律典，即便为之付出生命，亦在所不惜；有的法官在君主指令与律典权威之间苦心弥缝，左右互补；更多的法官则揣摩君意，视律典如明日黄花。尤其在现任君主表现出相当的强势之时，最后一种法官便大量涌

[①] 《史记·张释之列传》："法者，天子所与天下公共也。今法如此而更重之，是法不信于民也。"

现。这种人一般被称为"酷吏"。

曾经有一位臭名昭彰的酷吏，说过一段极其露骨的言论，赤裸裸揭示了君主指令与律典之间的关系："律令是从哪里来的？还不是从君主的指令转换而来？前任君主的指令，就是律典；后任君主的指令，就是令典。既然如此，那么我们直接执行现任君主的指令即可，何必管那些陈年烂账？"①

在祖宗之法已经渐趋凝固、新定律典与君主权威浑然一体、更高的法源尚未出现的宪宗朝，现任君主的权势达到了一个相当高的强度。宪宗朝的权力结构与法律渊源模型，如下图所示。值得注意的有三点：其一，律典颁行后，祖宗之法鲜少再对官员产生直接约束，而更多是对现任君主的合法性支持或制约。其二，君主与律典是二位一体的权威，在多数时代的观念中，律典并不高于君主，君主可以以诏书破律，官员也能引律典为据、抗拒君主的指令。其三，在宪宗朝之后的时代，律典作为祖宗制定的法典，一定程度上也就具有了"祖宗之法"的意义。不过与原始意义上的祖宗之法不同，律典是可以修改、可以与时俱进的法典。历代君主常常采用修律或编纂副法典（如令典、条例之类）的方式，对律典不合时宜的部分进行调适（见图三）。

---

① 《史记·酷吏列传》载杜周语："三尺安出哉？前主所是著为律，后主所是疏为令。当时为是，何古之法乎！"按：汉代法律书写在三尺长的竹简上，故"三尺"即指代法律。

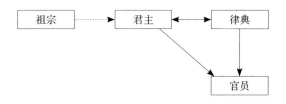

图三　宪宗朝权力结构与法律渊源模型

第四个君主：玄宗朝的法律往事

　　玄宗登基的时候，开国已经是半个多世纪之前的遥远往事了。太祖皇帝凭借武力建立新朝带来的震撼，也逐渐在民众的记忆中淡化为又一次改朝换代的微澜。波澜不惊的海面之下，洋流又逐渐回归了惯常的流向。这个比喻首先具化为各级地方政府严重的在地化与离心趋势。

　　建国之初，太祖就设置了两级地方政府，委任了大批地方官员。不过当时的地方政府，更多具有中央政府的派出机关性质。当时的地方政府职能，更多带有征服、镇压、安抚的意味，其次才是征兵收税、兴建公共设施之类地方政务。地方官也不可能是本地贤达，而由开国军功集团的二流功臣出任。这些委任一方的二流功臣，与集聚中央的一流功臣声气相通，均代表太祖领导的开国军事集团的核心意志。

　　可是随着时间的流逝，二流功臣及其后裔的利益逐渐在地化。他们更热衷于守护或增殖位于地方的封邑利益，而对中央政府的利益日趋淡漠。在这半个多世纪中，地方人才虽然还罕有资格跻身中央统治集团的高层，但日益渗入地方政府，担任要职。本朝地方任官虽然仍在严格执行籍贯回避制度，即本地人士不得出任本地行政长官，但行政长官以下的要职几乎都已经变成本地人士的自留地。换言之，一级地方政府，除了长官是中央空降的孤零零的外地人，其余副官几乎都已变成本地人士。长官为了顺利开展工作，也不得不相当程度地迁就乃至讨好地方势力。因为这些地方势力已经从建国之初镇服、打压的对象，摇身一变成了地方政府的支配者。本朝赖以统治的社会基础，已经从开国军功集团，悄然转换成了具有地区影响力的宗法领袖。

在此情形下，中央治吏的法律虽然更加严密，可是君主指令的下达却已经远不如建国之初顺畅。民间甚至流传着这样一句顺口溜："君主指令，只需高挂墙壁；地方政令，才是晴天霹雳。"①

中央对地方控制力削弱，地方对中央离心力增强。玄宗及其智囊团认为，这是太祖以武力为政权合法性来源的必然结果。太祖凭借武力，在亡朝末年的群雄逐鹿之中胜出，并以

---

① 《初学记》卷二四《居处部·墙壁》引东汉崔寔《政论》："今典州郡者，自违诏书，纵意出入。故里语曰：'州郡记，如霹雳；得诏书，但挂壁。'"

此作为征服、镇抚地方的基础。可是"开国"已经渐渐淡化为人们记忆中的陈年影像。国家生活的主题由"马上力征"转为"马下文治"，不可能也没必要在地方常年保持武力高压。曾经备受打压的地方实力派蠢蠢欲动，甚至认为新一轮"逐鹿"游戏即将开始。"溥天之下，莫非王土"逐渐变成"天高皇帝远"，进一步可能就要"皇帝轮流做，今年到我家"了。作为合法性保障的"武力"逐渐变弱，作为合法性来源的"祖宗"变成一家之私，君主指令与律典权威也就只能走一步看一步。中央政府的合法性危机加剧。

玄宗及其智囊团在铁腕打击几起地方骚乱的同时，也改变了历史的叙事策略，为本朝嫁接了一个新的合法性来源。在一次成功镇压地方叛乱之后，玄宗下诏声明："朕的权力来自父亲宪宗皇帝，宪宗的权力来自祖父太宗皇帝，太宗的权力来自曾祖太祖皇帝。而太祖能得天下，原因在于亡朝气数已尽，我朝天命所归。"为了强化"天命"合法性，玄宗不惜对过去不断渲染的"开国武力"采取弱化的叙事策略。在玄宗朝的开国史叙事中，亡朝即便在灭亡前夕仍能凑齐百万大军的强大武力，可是在决战之时忽然临阵倒戈；太祖的逐鹿竞争者们也是更为强大的军事力量，他们的失败不是军事失败，而是"天要亡我"。[①]太祖皇帝则被塑造为提三尺剑白手起家的弱者，即便在群雄逐

———————————

① 《史记·项羽本纪》："然今卒困于此，此天之亡我，非战之罪也。"

鹿之际，也仅仅拥有一旅之师、百里之地，却靠着一连串极富戏剧性的奇迹获得了天下。①

到此为止，玄宗完成了本朝合法性的重塑：太祖夺取天下是天命所归；而这种对本朝合法性的天命支持，顺着嫡长子继承制的血脉延续，接续传递给太宗、宪宗、玄宗。虽然这种传递并不会导致天命合法性的递减，但是为了唤醒民众的记忆，玄宗还是决定再度与上天取得直接联系。他依据古老的传说和一些民间的方术流派，举行了一场盛大的"封禅"典礼。他驾临滨海平原的一座最高的大山，率领群臣一起攀登绝顶，并在山巅之上继续加土筑坛。在这人间与上天物理距离最短的处所，玄宗以"天之子"的身份，向其宗教意义上的父亲——上天汇报工作成绩，请求继续的支持。此外，他还会在大山之侧的一座小山处挖土辟地，向宗教意义上的母亲——大地表示礼敬。②

经过历史叙事的重塑、封天禅地的典礼，玄宗朝俨然进入了一个盛世。不过如前所述，一个王朝从某种合法性中受益，也必不可免要受其约束。玄宗在为自己头顶增添光环的同时，

---

① 《汉书·叙传》引班彪《王命论》集中反映了"逐鹿"与"天命"两种合法性叙事的冲突，如云："世俗见高祖兴于布衣，不达其故，以为适遭暴乱，得奋其剑。游说之士至比天下于逐鹿，幸捷而得之。不知神器有命，不可以智力求也。"参见侯旭东《逐鹿或天命：汉人眼中的秦亡汉兴》，《中国社会科学》2015年第4期。

② 《史记·封禅书》《索隐》述赞："登封报天，降禅除地。"

也戴上了一道紧箍。按照古老的传说，风调雨顺、天降祥瑞、民生愉快，固然是上天对天子的褒扬；可是风雨不时、阴阳不调、灾异频发，民生艰难，当然也就是上天对天子的警告。[①]一种比较成熟的阴阳政治理论甚至明确提出："君主犯错，上天就降一场灾害，作为警告；君主不知悔改，上天就出现一个异象，作为严重警告；君主怙恶不悛，上天就转移天命——本朝气数耗尽，新的王者受命崛起。"[②]

"天命"合法性的引入，为本朝增添了一项高于现实君权甚至高于祖宗之法的新法律渊源。这项法律渊源对民众没有直接影响，但是高层官员常常引之作为规谏君主的理据。经过实践经验的积累，特定自然现象与特定政治得失之间的关联也愈加清晰，比如：亢旱不雨意味着阳气太盛、君权独伸，君主应当适度收敛，赋予臣子更大权力；阴雨绵绵、夏日飞雪意味着阴气太盛、杀伐过多，君主应当慎刑恤狱，宽赦小罪……一场损失惨重的瘟疫或地震之后，君主总会第一时间下发自我引咎的认错诏书，并除去一些积怨已久的苛法弊政。这与亡朝君主对天命的纯粹利用，构成了鲜明对比。

---

① 《潜夫论》："德政加于民，则多涤畅姣好坚强寿考。恶政加于民，则多疲癃尪病夭昏札瘥。"

② 《春秋繁露·必仁且智》："凡灾异之本，尽生于国家之失。国家之失乃始萌芽，而天出灾害以谴告之；谴告之而不知变，乃见怪异以惊骇之；惊骇之尚不知畏恐，其殃咎乃至。"按："灾"指对民众造成实际损害的自然灾害；"异"是指对民众没有实际损害的反常自然现象。

根据可靠的历史记载，亡朝开国君主那块玉玺上，就刻着"本朝受命于上天，将永远昌盛"之类文字。可是他拒不接受上天对本朝的任何警示。曾经有一次，亡朝君主渡河，遭遇可怕的风浪，险些翻船。群臣惊魂未定，表示这是附近的山河之神对君主的警告，应当趁此机会自我反省。亡朝君主不仅拒绝，且找出了附近据说有灵验的大山。他接下来的举动，令人瞠目结舌：派遣三千囚徒，将山上的树木全部砍伐，并且将山涂抹成赭红色。众所周知，赭红是亡朝囚服的颜色，而砍树是在对山实施剃除毛发的耻辱之刑。亡朝君主的疯狂举动，据说就是加速政权倾覆的主要原因。有了亡朝的前车之鉴，本朝玄宗之后的历代君主虽然对"天有异象"与政治缺失之间究竟有无必然联系将信将疑，但仍然不敢冒险公开质疑，只能采取宁可信其有的暧昧态度。

不仅如此，聪明的臣子逐渐掌握了解释天象的主动权。即便有些年份罕见地风调雨顺、没有任何灾异，但臣子们反而认为这种情况更加值得警惕：上天对君主抱有希望，才会警告、谴责；上天既然没有任何表示，说不定是对君主彻底绝望，已经打算暗中转移天命了。[①]

可是后来，也有臣子走得过远，竟然真心实意地以天象、

①《春秋繁露·必仁且智》："楚庄王以天不见灾，地不见孽，则祷之于山川曰：'天其将亡予邪！不说吾过，极吾罪也。'"

灾异为依据，认为天命即将转移，劝谏君主主动让出君位，以
待贤者。震骇的君主以异端邪说的罪名，将这些人施以极刑。[①]
经过磨合，君臣之间终于学会将"天命"这一新的法源，控制
在体制之内发挥作用：君主借助天命，神道设教，增强自身的
合法性；[②]臣民借助天命，规劝进谏，修复君主的合法性。

　　总之，玄宗朝之后的法律渊源与权力结构较之此前各朝，
均变得复杂了起来。其中，天命赋予祖宗以合法性，也对现任
君主的合法性做出直接评价。这些评价往往直接体现为民生的
苦乐，而由知识阶层出身的官员们进行解读。（见图四）

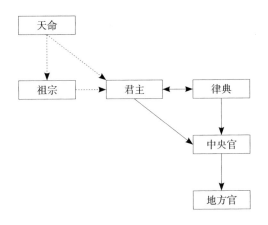

图四　玄宗朝权力结构与法律渊源模型

---

① 参见钱穆《国史大纲》第八章第七节"汉儒之政治思想"，北京：商务印
书馆，1994年，第150—152页。
② 《周易·观卦·彖辞》："圣人以神道设教，而天下服矣。"

插曲：一位海外观察者的笔记

玄宗朝末年，中央的船队开辟了通往爪哇国的海路，双方商贸往来日益频繁。不少爪哇国学者也随着商队来到华朝，以惊异的目光打量这个文明世界。其中一位名曰鲁客的爪哇国法学家，在阅读《华朝史记·刑律志》时，留下了大量笔记。鲁客早已返国，这份笔记却遗留在了华朝，成为绝好的来自域外之眼的观察。以下选录部分刑律志的原文及批注。[①]

刑律志：亡朝既覆，群雄角力，地丑德齐，未能相下。我太祖躬神武之材，行宽仁之政，总揽英雄，剪灭诸侯，一统海内，遂得以号令天下，再造制度。

批注：法律不过是具有至高无上的父权者的意志。华帝国的开国皇帝凭借强大武力，压服了其他小一号的父权者，成为高居所有父亲头上的至高无上的父权者。这是这个帝国法律的起源。

刑律志：及太宗即位，承太祖之武烈，躬修玄默，与民更始。是时将相皆旧功臣，少文多质，惩恶亡朝之政，治法务在宽厚。是以刑罚大省，化行天下。

批注：君王们根据亲权，继承对最高权限的行使。

---

① 《刑律志》原型为以《汉书·刑法志》为代表的正史刑法志叙事，鲁客的批注原型为英国洛克《政府论》。

刑律志：宪宗之世，海内未靖。于是修祖宗之法，作律十二篇。

批注：君王制定法律的理由是这样的：当君王或忙于战争，或为公务所羁，不能使每个私人都和他们本人接触，来请示他们的意志和愿望，这时候就有必要创立法律，使每个臣民都可以从法律的解释中知道他的君主的愿望。

又注：君王高于法律。

刑律志：太祖既受天命，三传至今，祥瑞并起，四海升平。今上乃东临海滨，登封大山，降禅小陵，敬告天地以成功，是再受命。

批注：在我们的国家，神根据他自己的模样，造出了第一个男人。这个男人根据神命而取得这种支配全世界的权力。其后的先祖们根据下传给他们的权利而享有这种权力。[1]

……

鲁客在这份笔记中，从他本国的经验出发，对爪哇国与华朝的法律做了详尽的比较。其中既不乏真知灼见，也充斥着牵强的比附。总的看来，在鲁客眼中，两国法律似乎并没有什么截然的不同。遗憾的是，鲁客在玄宗驾崩的同一年，就返回了爪哇国。第二年，圣宗登基即位，揭开了华朝法制史的全新篇章。

---

[1] 以上批注分别参见［英］洛克《政府论（上篇）》，瞿菊农、叶启芳译，北京：商务印书馆，1982年，第8、9页。

第五个君主：圣宗朝的法律往事

圣宗登基的那年，即便最长寿的开国元老都墓木拱矣，军功二代也已经凋零殆尽。统治集团的高层人选，长期出自开国军功集团这一封闭的小圈子，因此素质日趋平庸，执政风格日趋保守。相比起地方政府的生气勃勃，中央政府更显暮气沉沉。年轻的圣宗对此深致不满。他做出一个大胆却符合时代潮流的决定：将中央政府向全社会开放，通过考试的方式将地方顶尖人才吸收到中央。这个决定，彻底改换了本朝统治的社会基础。

圣宗的本意是不拘一格选拔人才，让全社会各行各业的精英人群齐流并进，都有进入中央政府的机会。不过出乎他意料的是，考试选拔出的人才普遍来自一个名为"士民"的阶层。本朝的民众，依据职业分工被区分为四种成分，分别是：士民、农民、商民、工民。其中，后三类都是体力劳动者，唯有第一类是脑力劳动者[①]。而本朝的"士民"绝大多数是圣师的信徒。

圣师是列国时代的历史人物。他晚年退隐在家，广收门徒，选用黄金王朝遗存的歌谣、档案、礼仪、占卜、历史作为

[①] "士"是"民"的一部分，农、工、商、民经过学习也可转化为士民。例如宋苏辙云："凡今农、工、商贾之家，未有不舍其旧而为士者也。"参见余英时《朱熹的历史世界：宋代士大夫政治文化的研究》，第132—134页。

授课教材。这些教材因为来源古老，且经过圣师的精心挑选和系统整理，所以后来被信徒们尊奉为"经典"。圣师生前只是列国时代诸多杰出学者之一，但身后门墙广大、信徒日增，逐渐被尊奉为"圣人"。

在此之前，只有黄金王朝几个半神半人的圣王才有资格跻身"圣人"的行列。生前在政治领域屡遭挫折、并无多少事功可言的圣师，在"圣人"之中可算一个异数。不过信徒们逐渐发展出了一套解释话语。他们说：圣师与那些圣王们一样，也受到了天命的眷顾，获取了无上的智慧，具有直接解读天意的神奇能力。只不过圣王们碰巧获得了世俗的爵位，而圣师不巧没有获得罢了。其中蕴含着另一番天意：上天授命圣师作为一位师者，钻研出永恒不变的政治原理，供后世效法取用。圣王们的功业随着他们的死亡及身而斩，后人无从复刻他们的成功，但圣师留下的经典，将永远惠泽人世，成为用之不竭的宝藏。

虽然圣师的学问广大，涉及文学、历史、口才等多个方面，但信徒们一致认为治国理政才是其一贯宗旨。他们努力从圣师搜集的每一首歌谣中体会治国的原理，从圣师记录的每一条历史记录里领悟法律的奥秘。即便在亡朝那样极力反智、压制学问的时代，信徒们仍然冒着生命危险保存经典，传承学问。太祖征服天下的最后时刻，当他带着盔明甲亮的军队开进圣师故里的时候，发现这座烽火连天的危城之中，竟然到处都是弦歌诵读之声。

在太祖、太宗时代，军功阶层垄断了政府的要职。但仍有一些文化、教育、礼仪的冷衙门，被圣师的信徒们（"士民"）见缝插针地占据。宪宗、玄宗时代，掌握法律之学的法吏、精通阴阳之学的方士、具有地方影响力的宗法领袖先后登上舞台。但圣师的学问非常广大，也含有相当的法律、阴阳知识。士民们凭借这些知识，进一步渗入政府，或充当军功阶层、宗法领袖背后的幕僚。

现在，圣宗明确下诏政府向全社会公开，通过考试选拔人才。在各级考试之中，力拔头筹者无疑都是士民。士民们再也无需其他身份的掩饰，终于可以一展所学，对政府施加公开的影响。

士民与法吏具有根本的不同。有操守的法吏，大多严格遵循律令的字面意思，即便受到皇权的高压也不肯退让；无操守的法吏则热衷于揣摩现任君主的心意，曲解法律以迎合君主——除了现行的法律与现任的君主，他们没有其他坚持的价值准则。但士民们在出仕之前，大多已经效法圣师，诵读经典数十年。圣师的教诲、经典的熏陶，早已沦肌浃髓。也就是说，他们有着一套相当强固的、独立于现世法律权威之外的价值观。当然，就像法吏有操守之分，士民之中也有相当数量的败类。不过，在野的士民在民间掌握着相当强大的话语权。他们随时关注已出仕士民的言行，公开评论其得失。某个士民如果被评定为违背圣师教训、触犯道德底线，那就意味着被开除

"士籍"。他的政治前途也将就此断送——毕竟负责人事保举、任免的官员，也往往是士民。所以，那些道德不佳的士民即便为了自身利益，也必须相当顾忌这种舆论监督，不敢公然有太出格的言行。

士民们对本朝法律实践的影响，正在有条不紊地逐节展开。

首先影响的是司法领域。过去法吏司法的理据，主要是律典的明文规定，其次是君主指令，再次可能是祖宗时代的某个判例，当然还有最后不便言说的君主的意志。

可是现在各级司法官的职位也普遍被士民占据。虽然圣宗从来没有公开声明，但是经典已经逐渐成为新的法律渊源。士民出任的司法官遇到法律适用的疑难问题，总是习惯性地从经典之中寻找更加终极的依据。如果经典与法律或君主指令相互冲突，士民们总会理所当然地认为坚持经典是一种正义的德行，而严格适用法律被认为不知变通、冷酷无情，曲从君主意志则是道德败坏的表现。正像一句法律格言所说："值得追随的是道德，而非君主。"①道德外化载体的最高级，当然就是经典。

在这种情况下，一种援引经典裁判案件的司法技艺日益发达，这在后来被称为"引经决狱"。就像前述君主不可能违律、

---

① 《荀子·子道》："入孝出弟，人之小行也；上顺下笃，人之中行也；从道不从君，从义不从父，人之大行也。"

只会破律一样，引用经典裁决案件，也不被看作违法违律，而是舍弃了低位阶的法律渊源、援引了高位阶的法律渊源。何况，拥有更高技艺的士民法官们总会尽力弥缝律典与经典之间的差异。在一起成功的引经决狱的判例中，法官援引的律条与经义显得浑然天成，甚至令人想不起这条法律在被经义解释之前的原始含义。[1]

更加雄心勃勃的士民们不满足于效率低下的个案个裁，开始系统注释律典。到了本朝中后期，著名的律典注本已经有十几种之多。这些注本无一例外运用经典义理对律典完成了新的诠释。其中有些注本甚至被后来的君主明确赋予法律效力。[2]

更进一步，就是重新编纂律典的诉求了。在后世某位孱弱的君主在位期间，要求依据经典全面整顿本朝制度的呼声一浪高过一浪。这一诉求迁延日久，并非遭遇了什么外部阻力，完全是士民内部学派分争的缘故。在大僭主之后的本朝第二期，当时的君主终于像宪宗一样，委任一位宰相领衔的立法班子，制定了一部新的律典。不过与此前不同的是，新立法班子的成员都出自士民世家，无一例外。他们将数百年来司法实践积累

---

[1] 《论衡·程材》："董仲舒表《春秋》之义，稽合于律，无乖异者。"

[2] 《晋书·刑法志》："后人生意，各为章句。叔孙宣、郭令卿、马融、郑玄诸儒章句十有余家，家数十万言。凡断罪所当由用者，合二万六千二百七十二条，七百七十三万二千二百余言……天子于是下诏，但用郑氏章句，不得杂用余家。"

的大量惯例、原则乃至学说，融入律典之中。至此，经典对律典的涵摄基本告成。

新的律典之中，包含了大量优待士民的特权条款。君主要致一个士民于死地，需要越过重重阻力，包括：公然破坏律典的风险（注意，此时的律典由于蕴含经义，而具有了更高的法律权威）、士民群体的互相援救、司法官员基于士民价值观的拒绝执行……所以，一般君主只会采用行政降级、免职、罚俸之类的方式，薄施小惩。可是士民反而会对君主的惩戒，予以更加激烈的回应。他们常常在遭受降级、罚俸的情况下，直接挂冠而去，归隐田园。如此刚直行为的背后，当然离不开三项支撑：一、士民通过种种特权积累的"田园"，保证了归隐生活不至于过分困苦；二、律典的种种优待条款，使君主一般不会激于愤怒痛下杀手；三、其他士民一定会采取种种方式加以援助，甚至帮助其东山再起。

在此背景下，新的君臣伦理观正在形成。正如当时一位学者在著述中说："君臣之间，凭借价值观互相吸引。如果君主符合预期的价值观，臣子就出仕；如果君主黑化了，臣子就离去。去就之间，没有什么好留恋的。"[1]联想到太祖朝，君臣之间还完全是军事首领与部下的相处模式，不仅令人慨叹世事变迁之剧烈。

---

[1]　清吕留良《四书讲义》云："君臣以义合。合则为君臣，不合则可去。"（北京：中华书局，2017年，第803页）

当然，这些都是后话。圣宗本人雄才大略，对士民有着绝对的控制力。不过他不可能料想到，他亲手打开的潘多拉魔盒，将会在以后的漫长岁月中，逐渐重塑本朝业已形成的所有法源，将之调适出一个更富魅力的格局。（见图五）

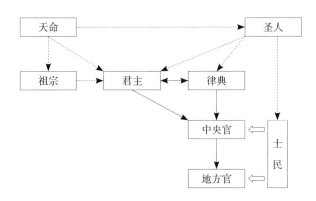

图五　圣宗朝权力结构与法律渊源模型

插曲：另一份来自海外的观察记录

现在我所踏足的，是一个享有五百年国祚的古老王朝。眼下这个王朝虽然垂垂老矣，但谁也无法保证它会不会创造新的奇迹。我谨忠实记录我的见闻，供我的祖国的女王与贵族们开阔眼界。

……（中略）

至于法律方面，也许要令读者扫兴。这个王朝的法律数量之少，与其文明之伟大极不相称。在这些法律的正中，雄踞着一部被称为"律"的法典。这部法典最突出的特点是合理、清晰、前后连贯——各种不同的条款都能简明扼要，有条不紊，明白而有分寸。这里看不到多数东方作品中的怪诞言词，没有迷信的胡言乱语、支离破碎的陈述……其他东方专制政体下的自我吹嘘。不存在这些东西，只有冷静、简洁、明白无误的一系列条文，贯穿着求实的判断，并饶有我们西方法律的精神。^①

除此之外，华朝就几乎没有像样的法律可言了，尤其没有任何约束君王胡作非为的、与我国《大宪章》类似的存在。当然，华朝颟顸自大的官僚们总是吹嘘他们的优良治理并不需要法律。不过，随着游历的深入，我逐渐发现，这个国家另有一些并不成文的"法律"。

请允许我先从一些看似无关的现象谈起吧！说到华朝，我国那些从不迈出书斋半步的思想家们总是想当然地认为这里有着全世界最专制的皇帝，这些皇帝高居云端之上，不受任何制约、随心所欲地行使他们无边无际的权力。可实际上，我观察发现，华朝的皇帝至少要在三个场合下跪行礼。

第一个场合是祭祀天地的典礼。华朝大有作为的皇帝会行使封天禅地的礼仪，在封禅之时需要向天地跪拜。当然封禅大

---

① ［英］杰弗里：《大清律例评论》，载《爱丁堡评论》，转引自李秀清《中法西绎：〈中国丛报〉与十九世纪西方人的中国法律观》附录一，上海：生活·读书·新知三联书店，2015年，第136页。

典十分罕见，百年之内不超过一两次。不过华朝首都建有天地日月坛。即便政绩平庸的皇帝，也需要定期祭祀天地日月。在这些场合，皇帝均需低下不可一世的头颅，向这些自然的存在恭敬履行跪拜大礼。

第二个场合是祭祀祖先的典礼。华人对于祖先，有着异乎寻常的虔诚，即便皇帝也不例外。与民间的祖先信仰相同，皇帝也要在相关节令祭拜祖先。在华朝首都建设有一座"太庙"，供奉着历朝的祖宗。现任皇帝毕恭毕敬地跪在蒲团上，向他的前任们恭行三拜九叩的大礼。

第三个场合是祭祀圣师的典礼。从华朝第五任君主开始，圣师就取得了异乎寻常的地位。经圣师整理的经典，在华朝扮演着类似于我国基本法的角色，得到其信徒的自觉维持。一个并无神迹的学者，在死后数百年，竟然成为新的王朝的立法者，这是华朝法律现象中最令外国人感到费解的一点。大约从华朝第七任君主开始，就将对圣师的祭祀纳入国家例行典礼。供奉圣师的庙被称为"文庙"，大约是"文化之神的庙宇"之意。无论君主还是官员，进入文庙区域都要下马下轿，参见圣师塑像都要下跪行礼。

自然的天地、血缘的祖先、文化的圣师，这大概就是华朝法律高于君主的三大基本渊源了。①这里的民间家家户户供着一块"天地君亲师"的牌位。对于普通民众来讲，天地、君主、祖先、师父就是指导言行的四大规范来源。

那么，天地、祖先、圣师，谁的地位更加崇高？谁的影响力更加深远？从表面上看，当然是天地。因为在信徒们的叙述中，即便圣师也是从上天获取合法性来源的。不过，早在华朝第一期，圣师的信徒们就已经掌握了对祥瑞、灾异的解释权。到了华朝第二期，随着科技的发展，天地灾异早就已经可以准确预测，显得不足为奇。圣师的信徒们也把"天"解释成"理"，从而与经典的义理合二为一了（实质上是经典吸纳了上天的合法性）。②

就我浅薄的观察，圣师的影响力远出天地、祖先之上。这可以从两方面加以说明。

首先，圣师的庙宇数量，远远超过天地与皇帝的祖先的祭祀场所数量。皇帝日常祭祀天地的场所，都在首都（滨海的大山之巅也有一处，仅用来行封禅大礼）。皇帝的祖先则供奉在

---

① 《荀子·礼论》："礼有三本：天地者，生之本也；先祖者，类之本也；君师者，治之本也。"其中包括"君"，与正文表述微有不同。近代新儒家唐君毅先生从祭祀礼仪出发，将"礼三本"总结为"存三祭"，分别是祭天地、祭祖宗、祭圣贤，既是君主制推翻后的与时俱进，也更符合儒家理论的精义。参见氏著《生命存在与心灵境界》，北京：中国社会科学出版社，2006年，第519页。
② 《二程遗书》卷十一："天者，理也。"（上海：上海古籍出版社，2000年，第178页）这个观念是宋代理学的共识。

太庙，太庙位于首都宫殿的东部。也就是说，全国除了首都，没有天地日月坛场和太庙；除了皇帝，没人可以祭祀天地或皇帝本人的祖先。可是圣师的庙宇就不同了。全国有多少个县，就至少有多少座文庙。不仅皇帝、州长、县长可以祭祀文庙，普通民众也随时可以进出参拜。就我所知，华朝读书人在考试前夕，就有祭祀文庙、祈祷好运的习俗。所以，天地、祖先仅仅影响于宫廷，而圣师的影响则周普天下。

其次，历朝都有轻视天地、祖先的话语，可是从来没有人敢挑衅圣师与经典的地位。在华朝第二期，曾有一个铁腕的改革家，想要通过一场彻底的变革，清洗王朝的积弊。他公然喊出这样的口号：“上天的灾异不值得畏惧，祖宗的规矩不值得沿袭，民众的舆论不值得担忧。”[1] 即便狂妄如此，他也绝不敢触碰圣师的权威，而只敢对经典重新做出对其改革有利的诠释。[2]

至于经典与律令的关系，华朝学者、官员都看得清清楚楚。有一位华朝学者说：“我国法律的源头，绝不是宪宗颁布的律典，也不是更早的其他法典，而是经典的义理。”[3] 到了最近

---

[1] 《宋史·王安石传》：“天变不足畏，祖宗不足法，人言不足恤。”

[2] 《宋史·王安石传》：“安石训释《诗》《书》《周礼》，既成，颁之学官，天下号曰‘新义’。”

[3] 蒋楷《经义亭疑》：“世之言律者曰始于萧何，是知河有积石，不知有星宿海也。或以为始于李悝，是知河有星宿海，而不知星宿海之西尚有两源也。然则律之昆仑墟，其惟经义乎？”（国家图书馆藏宣统二年济南刊本）。

这个时期，华朝的法律制度开始根本性的变革，皇帝的诏书仍然说："经义必须万古永恒，法律却不能一成不变。"①由此不难看出，律令的地位远远低于经典。

所以，请回到我开篇的判断。我国的法律人士们常常对华朝法律嗤之以鼻，那是因为他们仅仅看到了律典。可是须知，那是华朝法律之中也许最微不足道的一部分。他们又看到，现任君主常常不依照律典行事，于是认为华朝的政体专制得无以复加。可是我在此提醒，观察者们应当睁开双眼，看到律典与君主背后更加深广的法律世界。在那里，天地、祖先，尤其是圣师及其经典，不仅为律典的修订提供源源不绝的能量，甚至约束着现任君主，使其不可能像我国历史上那些无法无天的暴君那样为所欲为。

最后，让我简单归纳我所观察到的华朝的法律渊源。对君主构成约束的有三项高级法源，分别是：天象的灾异谴告、祖宗之法、圣师的经典义理。对官员或民众构成约束的有四项法源，依照权威程度依次降序：圣师的经典义理、律典、现任君主的指令、上级官员的指令。不过，根据特别法优先适用的原则，在现实中，许多缺乏良知与法律素养的官员心目中的实际排序却是倒序的：上级指令、君主指令、律典、经典义理。

_____

① 清末变法上谕："世有万古不易之常经，无一成不变之治法。"

第 N 个君主：华朝后期的法律往事

　　同样是在圣宗的时代，与士民阶层日益膨胀相伴随而生的，还有另一个影响华朝法律史的进程：君主专制程度日益加强。

　　圣宗为了防止士民阶层将君主指令搁置一旁、自行其是，任命了大量监察官。这些监察官不仅严密监视中央官员的一举一动，看其是否合法，而且周流于全国，监察地方行政。

　　监察官们大多是考试选拔出的士民。他们年纪轻轻、职级较低，还没有沾染上官官相护的习气。不过他们权力却很大，有权监督检举宰相级别的高官。经他们监督检举而落马的官员级别越高，他们的绩效也就越优，所以个个干劲十足。

　　监察官工作的依据主要是本朝细密的治吏法规。这些法规在律典之中，只有十分粗疏的几个条款，不过却另外颁有大量的单行法令、条例。可以说，到了本朝后期，任何官员一举手一投足之间，都有可能触碰法网。[1]如果某个官员遇到某种具体境况，严格按照法律行事反而可能造成对国家、民众不利的结果；按照经典义理权宜处理，则可能收到良好的效果——在圣宗时代，官员们常常会选择引经决狱。可是到了本朝后期，官员在法律之外引经决狱虽然不能说是违法行为，但必须接受

---

[1] 《叶适集》："内外上下，一事之小，一罪之微，皆先有法以待之。"（北京：中华书局，1961 年，第 767 页）

监察官的纠察、弹劾、停职调查以及可能的处罚。而严格按照法律办事，即便出现了糟糕的结果，官员们也无须承担负面的责任，顶多不能享受正向的激励而已。利害相权之下，官员们往往选择依法办事，经典义理发挥作用的空间越来越小。这就是王朝后期的"法治"现象。与"法治"相伴而生的就是严重的形式主义、文牍主义、程序主义……①

君主乐于放任这种法律的烦琐趋势。法律越烦琐，士民出任的官员们就只能戴着枷锁跳舞，自身尚且难保，更没有空暇对国家大政方针指手画脚了。如果还有极少数官员敢于抨击时政，那就启动庞大细密的监察网络，对此人展开地毯式调查，将之打为阶下的囚徒。

更何况，烦琐法律的制造者正是君主本人。按照圣师的教训，法令应当简明。法律制度的烦琐细密，是国家即将灭亡的征兆。不过对于君主而言，法律越简，就意味着给官员们的自由裁量权越大——换言之，君主对一项具体事务的影响力就越小。唯有把君主的每一个具体意志都上升为法令，才能捆住士

---

① 《陈亮集》卷十一《人法》："汉，任人者也；唐，人法并行者也；本朝，任法者也。"（北京：中华书局，1987年，第124页）陈亮描述的其实是中国帝制时代治理风格的整体变化趋势。又钱穆尝云："中国重法治，西方重人治"，也是在这个意义上说的。中国帝制王朝后期，官员、学者们屡屡提出"尚人"的主张，其实是希望限制君主的集权程度，增重官员的自由裁量权。（参见《政学私言·人治与法治》，北京：九州出版社，2010年，第76—88页）

民官员的手脚，让他们彻底沦为执行的机器。[①]

君主将一项大政拆解成具体指标，分配到各个大区，再通过政治高压监督执行；大区将领到的指标细化拆解，分配到各个州县，再通过政治高压监督执行。基层的州县拆解分配给谁呢？当然只能是民众。[②]可是州县官员既要应付上面各级的突击检查、数据汇报、日常监督，还要迎来送往、打点关系，又对毫无裁量空间、无从发挥才能的细琐政务提不起兴趣，更由于知识结构和精力的局限未能娴熟掌握细密的法令条例。于是一个新的群体就应运而生了，他们就是胥吏。

胥吏是基层官府雇佣的低级工作人员，自太祖开国以来便已存在。不过，本朝初年，官员们自由裁量权力很大，也有相当浓厚的治理兴趣——军功阶层、宗法领袖是为了扩大自身利益与影响力，许多士民官员是为了给自己的信仰理想一个实践的机会——所以胥吏完全只有打下手的份儿。圣宗时代开始，胥吏在基层官府中的比例潜滋暗长，到了王朝末年，则爆发性增长。他们成为在法律末梢实际执法的人。[③]

胥吏品级低下（严格地说，并无品级），所以士民根本不屑

[①] 《日知录》卷九"守令"条："后世有不善治者出焉，尽天下一切之权而收之在上，而万几之广，固非一人之所能操也，而权乃移于法，于是多为之法以禁防之。"

[②] 《盐铁论·疾贪》："上府下求之县，县求之乡，乡安取之哉？"

[③] 《日知录》卷八"都令史"条："胥史之权所以日重而不可拔者，任法之弊使之然也。"

出任。担任胥吏的人，来源很杂，并没有士民阶层那样稳定的理想价值，又没有畅通的升迁渠道，所以只能利用职权牟利而已。①在王朝末年，有一位官员曾经感叹："华朝最大的弊端，就是例、吏、利！"②他巧妙运用谐音所说的三个现象，就是细密的条例，刁滑的胥吏，权力寻租滋生的非法利益。

从圣宗时代开始，随着引礼入法运动的开展，律典日趋精美完善；而与之共生的情况则是，高度集权的君主专制、密不透风的监察网络、城狐社鼠的胥吏政治，共同侵蚀着政体，使之日益败坏。（见图六）

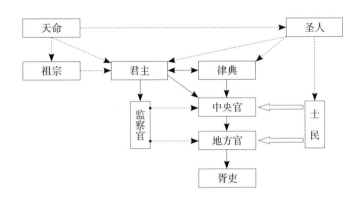

图六　华朝后期的权力结构与法律渊源模型

---

① 《日知录》卷八"铨选之害"条："法可知，而例不可知。吏胥得操其两可之权，以市于下。世世相传，而虽以朝廷之力不能拔而去之。"
② 清陆陇其："本朝大弊只三字：例、吏、利。"参见徐珂编撰《清稗类钞》，北京：中华书局，1984年，第5250页。

最后一个君主：末帝朝的法律往事

君主专制集权程度提升，造成更高级法源的逆缩。

虽然在华朝，君主之上还有天命、祖宗、圣师三个更高的法律渊源，可是这三大法源在不同历史时期曾经能够发挥巨大的作用，取决于时代的因缘际会、社会势力的此起彼伏、制度的草创未艾以及君主本人的良好修养。一旦时代尘埃落定、社会势力一方独大、制度圆满烂熟、君主不再有耐心和雅量，那么各大法源均呈现严重的逆缩现象。

简言之，华朝并没有对君主权力的刚性约束机制。君主始终是最现实、最强的支配。他必将追求自身权力的强化。有利于君权的法源，不断加强；不利于君权的法源，不断逆缩。

末帝登基之时，他的列祖列宗已经帮他铺平了专制集权的制度之路。尽管他只是个资质平庸的人物，但是即位之始就已经掌握此前无数老于权谋的帝王费尽心机也无从梦想的巨大权力。

天命的逆缩是很久以前的事情。自从大僭主假借天命，伪造祥瑞论证自己的合法性以后，华朝第二期的君主们就对天命非常警惕。中兴的世祖皇帝虽然也利用天命打败了大僭主，但他即位之后立刻封印了这个潘多拉的魔盒。他下诏严禁民间私自研究、观察天文，严禁民间制作、传播政治预言。就在那个时期，探测天象的技术获得长足发展。过去被看作"灾异"的地震、日食，都已经可以得到准确的预测和科学的解释。后来的君主们在"罪己诏"中，仍然会借天象异常的契机承认错误，不过那都只是官样文章罢了。除了愚夫愚妇，根本没人相信二者之间的联系。正如前文所述，"天命"逐渐被经典的义理吸收了。

祖宗则成为君主的私家禁脔。华朝第二期的世祖皇帝辞世之际，担心继承人年幼，权柄会被士民阶层所窃取，所以干脆以成文的方式明列了一系列的规矩。这些规矩结集成书，题为《王朝祖训》。《祖训》的扉页，白纸黑字写着："我所立下的规矩，我所制定的律典，一个字也不允许修改。有违反者，君主丧失合法性，臣民处以极刑。"[①]这一做法杜绝了祖宗之法被解释、被利用的可能性，明确宣告天下是某姓君主世代相传的家产。这样的祖宗之法也就沦为君主"私天下"的一家之法，再也不具有公共的价值。祖宗设置法度的动机既然得不到同情，后世君主对祖宗之法的破坏自然也就并不遭到多少阻力。[②]

圣师的道统，则被君主的政统强力地化合了。华朝第二期的厉宗皇帝兴起了好几宗大狱，杀死了一大批尝试用经义非议时政的士民官员。剩下的士民官员迅速分化。较有良知的一

---

① 《皇明祖训序》："凡我子孙，钦承朕命，毋作聪明，乱我已成之法，一字不可改易。"（《洪武御制全书》，合肥：黄山书社，1995年，第387页）

② 《明夷待访录·原法》："夫非法之法，前王不胜其利欲之私以创之，后王或不胜利欲之私以坏之。"

拨，埋头钻进故纸堆，悉心整理考订经典。他们这项工作，实际上是在为下一个王朝准备一部文字可靠的基本法。剩下趋炎附势的一拨，则干脆向君主献媚求宠。厉宗死后，高宗即位。高宗与他的父亲一样，对不合作的士民忌刻不已，但是表面却采取了优容献媚求宠的士民的措施，并且兴起宏大的文化事业，允许钻故纸堆的士民沉浸其中。不合作的士民逐渐绝迹，钻故纸堆的士民玩物丧志，献媚求宠的士民则拍出了最肉麻的马屁。他们说："圣师之前，每一个圣人同时都是君主；从圣师开始，圣人与君主再也难以合一；可是现在情况不一样了，当今皇帝既是圣人又是君主，这是黄金王朝才得一见的'圣王'！这预示着下一个黄金王朝又即将开始！"[①]

　　高宗皇帝接受了这个叙事，照例举行封天禅地的大典礼，请求已经没人相信的上天，重新降下黄金王朝的祥瑞与福祚。可是祥瑞与福祚迟迟没有降下，灾异与祸殃却接连不断。在这样的背景下，末帝登基。他手握列祖列宗精心锻造的世上最锋利的太阿宝剑，却不知砍向何方。

　　就在末帝视力所不及处，天命已经悄然转移，圣师的信徒们

---

① 李光地《进读书笔录及论说序记杂文序》，"道统之与治统，古者出于一，后世出于二"，"至我皇上，又五百岁，应王者之期，躬圣贤之学"，"皇上非汉唐以下之学，唐虞三代之学也。臣之学，则仰体皇上之学也"。转引自李启成《中国法律史讲义》，北京：北京大学出版社，2018年，第28页注释六。李启成说："我以为这段文字在中国政法思想史上意义重大，即儒家士大夫主动向政治权威交出了自己据以批评政治和社会的思想资源。"

苦苦守护着精心修复的经典，翘首以盼。民间草莽之中，以成为新王朝的祖宗为目标的逐鹿者们，耐心伺望着时机，蓄势待发。

书成自记

一

我读书一贯有恒。可是在迈向四十岁的门槛时，忽然张皇失措，许多书竟然读了一半就抛下了。这在以前，是从来没有的事。

我盘点今年下半年未读完的书：束景南《阳明大传》读了上、中册，剩下册；费孝通《乡土中国·生育制度·乡土重建》读了两种"乡土"，剩《生育制度》；G·哈特费尔德《笛卡尔的〈第一哲学的沉思〉》与笛卡尔《第一哲学沉思集》配合阅读，双双中殂；黄文捷译《神曲》读完了《地狱篇》《炼狱篇》，竟在《天堂篇》前反复徘徊，终究未能踏上通往天国之路。这是怎么回事？

但丁在《神曲》开篇，也表达过类似中年危机的感受：

我走过我们人生的一半旅程，

却又步入一片幽暗的森林，

这是因为我迷失了正确的路径。①

按照孔孟的人生经验，此时需要"四十不惑""四十不动心"。"惑"，从构字来看，是心存或然之想。"不惑"应该是指不再心存侥幸，踏踏实实走认准的正道，君子居易以俟命。

可是我还不甘心认命，我还心存侥幸。我看着四壁的新书，觉得自己还有胃口把它们读完。我不想太早地"八部书外皆狗屁"，只好狼吞虎咽地"杀书头"——可是望四之人，怎么可能还有那么好的胃口？胃小嘴巴大才是实情。

维吉尔在身后恭送，贝阿特丽切在天国门口招手，我却只想临阵脱逃。不知为什么，我忽然特别怀念地狱入口那个叫作"林勃"的地方。

林勃是地狱的第一环，这里有嫩绿的草地、静谧的氛围。荷马、苏格拉底、柏拉图、亚里士多德、芝诺、欧几里得等伟大的灵魂都聚集于此。他们的罪过是出生在耶稣之前，所以一生的思索与探求都偏离了宗教规定的正确轨道。

今年忽然有很多人来催我评职称，也有很多人向我伸出种

---

① ［意大利］但丁：《神曲·地狱篇》，黄文捷译，南京：译林出版社，2021年，第3页。

种橄榄枝。四十岁的门槛上，机会纷至沓来。那扇只待轻轻推开的窄门，难以掩住耀眼的天国光芒。我却想起我的"林勃"，那是未经学术训练、不知学术规范之前的野蛮思考。那些思考，以今天的眼光来看，荒诞无稽，可是换一副心肠去看，却又有趣可爱。

我拾起其中一个想法，尝试写成这册小书。

二

"假如'洞穴奇案'发生在中国古代，会得到怎样的审判？"

这是我在本科提出的问题。读研以后，我意识到这是一个难以获得有效验证的奇思怪想，便像切割赘瘤一样，把它清除掉了。

可是创口还在，还会时不时发作。2018年9月14日，江帆教授主持的西政"草街读书会"邀请我做一次讲座。当时我那本研究"汉代集议制"的书刚出版，便以此为讲座内容。为了吸引眼球，我把讲座题目取为《假如"洞穴奇案"发生在汉朝》，以"洞穴奇案"为引，讲述汉朝的集议程序。

在讲座评议阶段，朱林方做了谑而不虐的尖锐点评。

他指出我在讲述"洞穴奇案"案情时的许多疏失，并进而表达失望，"我第一次看到这个题目的时候，以为是一个思想实验，所以才来的，但是我今天并没有看到一个思想实验"，

"第二个方面是我没有看到汉代集议的法理，他只告诉了我们法理的形式，却没有告诉我们内容，这是我觉得在这个讲座中没有被满足的一个部分"。[1]

朱林方的点评，对我触动很大。我既为读书不细而羞惭，又深感自己既往的研究手段过于单一。过去，我常用"考证"的历史研究方法，所以恪守方法的有效边界，不敢越雷池一步。讲座中，我用假设的方法，引入"洞穴奇案"作为素材，自己觉得已经非常大胆了。可是在法理学者眼中，却尽显拘泥保守。我当时暗下决心，既要认真重读《洞穴奇案》，捕捉更多案情细节，深入理解其内蕴；也要尝试直捣黄龙，对"假如洞穴奇案发生在中国古代"这一问题给出法理层面的直接回应。

2021年以来，我结识了法理学新进教师孙少石，旁听了他的《社科法学导读》课程。作为回报，他回听了我的《中华法系》课程。有了朱林方的前车之鉴，为了多少满足这位法理学者的期望，我在那年秋季《中华法系》课程中增设了"洞穴公案：中华法系的思想实验"专题，迄今不辍。[2]

---

[1] 参见"草街读书会"微信公众号2018年9月23日推文《"草街读书会"讲座录音稿 秦涛：假如"洞穴奇案"发生在汉朝（下）》。

[2] 本书的初稿就是在那些课程的讲授过程中逐渐完善的。作为课程考核，我多次要求学生给该专题挑毛病。其中一些成果，已经吸收进本书。在此必须感谢所有听过课的同学！

一学期的互相旁听，令我获益匪浅，也终于尝试从纯粹考证的故纸堆中走出，丰富自己的研究手段。到这个时候，我才发现：本科时的提问未必不符合学术规范，而只是我自己的眼界与方法过于局限。此外，孙少石还嫌弃法律史有太多"黏糊糊的经验材料"，令法理学者很不耐烦。他问我能否进一步做提纯工作。例如有一次课后，他惊问我：类似"神道设教"这样意涵丰富的词语，为何不将之概念化？我当时的回应，虽然以"黏糊糊"为傲，声称这才是法律史的意义所在，不过私心却滋生了"对话"的兴趣。[①]这才进一步有了"华朝法律往事"的构思。

三

曾国藩云："师友夹持，虽懦夫亦有立志。"[②]除了上述学友，我在四十岁前成长的道路上还遇到三位可贵的人师，他们是恩师龙大轩教授、师爷俞荣根教授、私淑徐世虹教授。龙老师令我得识学问之趣，俞老师令我得窥学问之大，徐老师令我得见

① 附上我们当时的对话记录，以见两种学问的观念碰撞与融合的可能性。孙："您把'神道设教'搞一搞，放在国家治理的制度逻辑的大框框里，很合适的。"秦："这个搞不出来。除了能力欠缺，也有历史学训练的自律在内。讲课可以这样讲，但学术研究一定会把一个有希望概念化的东西，消解在时间序列之中。换言之，历史学其实是反概念的。"孙："您换个角度想想这个问题嘛！您是搞社会学的，历史只是您的田野。"
② 《曾国藩全集·家书（一）》，长沙：岳麓书社，1985年，第34页。

学问之纯。

我在博士毕业前后，自认为受俞老师、徐老师影响很深。可是豆瓣一则短评却说我的博士论文"研究风格非常像龙氏"。今夏赴华政参加一次学术会议，王捷师兄也点评我的论文最大特点是"有趣"。我回忆起读研时初见龙老师，老师询以所读何书。我吹了许多牛后，又懊丧地说：中小学时读了很多评书话本、章回小说，今天看来完全是浪费时间。龙老师意味深长地说："自己的喜好不要放弃，自己的长处应当珍惜。"

现在我理解了。

历史学者陈侃理先生在一次访谈中说："技术提供的便利主要在于资料搜集整理。一旦人人都能做到穷尽资料，真正有意义的工作就集中到了那些只有'人'才能完成的工作，特别是只有'你'才能完成的工作。"[1]在掌握了最基本的学术规范之后，学术研究就应当是高度个性化的。人生在世，与其逐队随人、甘为牛后，何如从个人的兴趣出发，凭借这么多年积累于身的种种杂异资源，完成只有"我"才能完成的工作？

无论如何，"趣"才是学问之途永不匮竭的源动力。过去我的普及文章与学术论著，大多分而治之。这本小书，算是写有趣的学术论著的第一个尝试。

---

[1] 复旦大学出土文献与古文字研究中心编：《日就月将：出土文献与古文字研究青年学者访谈录》，上海：中西书局，2022年，第198页。

四

当年赐予我源动力的恩师，而今两鬓斑白，即将迎来六十大寿。我有心将此书献给恩师，作为寿诞献礼。可是龙老师早已在《儒日中天：汉武帝的辉煌》自序中预先拒绝：

文人雅士多爱在序言中申明，自己为啥要写此书，或曰要献给某某某某。动辄号称要献书的搞法，我觉得有点像"麻雀闹林——假假假"。书是自个儿写的，再怎么献，那也是"富贵不能淫，贫贱不能移"。赚钱、赔钱都是你自己的事，著作权是不会发生转移的，顶多不过签个名、送上一本，虚晃一枪罢了。[①]

谨遵师训，这本书不便献给他老人家，顶多寿礼那天"签个名、送上一本"吧。既然献不出去，那就谨以此书献给我自己四十岁之前的人生。我已并不打算踏足别人为我指引的天国了。

有趣就是我的动力，林勃就是我的天国。

秦　涛

2024年1月9日

键于渝园五斗斋

---

① 龙大轩：《儒日中天——汉武帝的辉煌》，北京：中国民主法制出版社，2014年，自序第1页。

"大学问"是广西师范大学出版社旗下的学术图书出版品牌。品牌以"始于问而终于明"为理念，以"守望学术的视界"为宗旨，致力于原创＋引进的人文社会科学领域的学术图书出版。倡导以问题意识为核心，弘扬学术情怀、人文精神和探究意识，展现学术的时代性、思想性和思辨色彩。

截至目前，大学问品牌已推出《现代中国的形成（1600—1949）》《中华帝国晚期的性、法律与社会》等80多种图书，涵盖思想、文化、历史、政治、法学、社会、经济等人文社会科学领域的学术作品，力图在普及大众的同时，保证其文化内蕴。

"大学问"品牌书目

大学问·学术名家作品系列

朱孝远 《学史之道》

朱孝远 《宗教改革与德国近代化道路》

池田知久 《问道:〈老子〉思想细读》

赵冬梅 《大宋之变，1063—1086》

黄宗智 《中国的新型正义体系：实践与理论》

黄宗智 《中国的新型小农经济：实践与理论》

黄宗智 《中国的新型非正规经济：实践与理论》

夏明方 《文明的"双相"：灾害与历史的缠绕》

王向远　《宏观比较文学 19 讲》

张闻玉　《铜器历日研究》

张闻玉　《西周王年论稿》

谢天佑　《专制主义统治下的臣民心理》

王向远　《比较文学系谱学》

王向远　《比较文学构造论》

刘彦君　廖　奔　《中外戏剧史（第三版）》

干春松　《儒学的近代转型》

王瑞来　《士人走向民间：宋元变革与社会转型》

大学问·国文名师课系列

龚鹏程　《文心雕龙讲记》

张闻玉　《古代天文历法讲座》

刘　强　《四书通讲》

刘　强　《论语新识》

王兆鹏　《唐宋词小讲》

徐晋如　《国文课：中国文脉十五讲》

胡大雷　《岁月忽已晚：古诗十九首里的东汉世情》

龚　斌　《魏晋清谈史》

大学问·明清以来文史研究系列

周绚隆　《易代：侯岐曾和他的亲友们（修订本）》

巫仁恕 《劫后"天堂"：抗战沦陷后的苏州城市生活》

台静农 《亡明讲史》

张艺曦 《结社的艺术：16—18世纪东亚世界的文人社集》

何冠彪 《生与死：明季士大夫的抉择》

李孝悌 《恋恋红尘：明清江南的城市、欲望和生活》

孙竞昊 《经营地方：明清时期济宁的士绅与社会》

范金民 《明清江南商业的发展》

方志远 《明代国家权力结构及运行机制》

大学问·哲思系列

罗伯特·S.韦斯特曼 《哥白尼问题：占星预言、怀疑主义与天体秩序（上）》

罗伯特·斯特恩 《黑格尔的〈精神现象学〉》

A.D. 史密斯 《胡塞尔与〈笛卡尔式的沉思〉》

约翰·利皮特 《克尔凯郭尔的〈恐惧与颤栗〉》

迈克尔·莫里斯 《维特根斯坦与〈逻辑哲学论〉》

M. 麦金 《维特根斯坦的〈哲学研究〉》

G·哈特费尔德 《笛卡尔的〈第一哲学的沉思〉》

罗杰·F.库克 《后电影视觉：运动影像媒介与观众的共同进化》

苏珊·沃尔夫 《生活中的意义》

大学问·名人传记与思想系列

孙德鹏　《乡下人：沈从文与近代中国（1902—1947）》

黄克武　《笔醒山河：中国近代启蒙人严复》

黄克武　《文字奇功：梁启超与中国学术思想的现代诠释》

王　锐　《革命儒生：章太炎传》

保罗·约翰逊　《苏格拉底：我们的同时代人》

方志远　《何处不归鸿：苏轼传》

大学问·实践社会科学系列

胡宗绮　《意欲何为：清代以来刑事法律中的意图谱系》

黄宗智　《实践社会科学研究指南》

黄宗智　《国家与社会的二元合一》

黄宗智　《华北的小农经济与社会变迁》

黄宗智　《长江三角洲的小农家庭与乡村发展》

白德瑞　《爪牙：清代县衙的书吏与差役》

赵刘洋　《妇女、家庭与法律实践：清代以来的法律社会史》

李怀印　《现代中国的形成（1600—1949）》

苏成捷　《中华帝国晚期的性、法律与社会》

黄宗智　《实践社会科学的方法、理论与前瞻》

黄宗智　周黎安　《黄宗智对话周黎安：实践社会科学》

黄宗智　《实践与理论：中国社会经济史与法律史研究》

大学问·雅理系列

拉里·西登托普 《发明个体：人在古典时代与中世纪的地位》

玛吉·伯格等 《慢教授》

菲利普·范·帕里斯等 《全民基本收入：实现自由社会与健全经济的方案》

田　雷 《继往以为序章：中国宪法的制度展开》

寺田浩明 《清代传统法秩序》

大学问·桂子山史学丛书

张固也 《先秦诸子与简帛研究》

田　彤 《生产关系、社会结构与阶级：民国时期劳资关系研究》

承红磊 《"社会"的发现：晚清民初"社会"概念研究》

其他重点单品

郑荣华 《城市的兴衰：基于经济、社会、制度的逻辑》

郑荣华 《经济的兴衰：基于地缘经济、城市增长、产业转型的研究》

王　锐 《中国现代思想史十讲》

简·赫斯菲尔德 《十扇窗：伟大的诗歌如何改变世界》

北鬼三郎 《大清宪法案》

屈小玲 《晚清西南社会与近代变迁：法国人来华考察笔记研究（1892—1910）》

徐鼎鼎 《春秋时期齐、卫、晋、秦交通路线考论》

苏俊林 《身份与秩序：走马楼吴简中的孙吴基层社会》

周玉波 《庶民之声：近现代民歌与社会文化嬗递》

蔡万进等 《里耶秦简编年考证（第一卷）》

张　城 《文明与革命：中国道路的内生性逻辑》

蔡　斐 《1903：上海苏报案与清末司法转型》